歴史文化ライブラリー
69

近世の百姓世界

白川部達夫

吉川弘文館

目次

近世百姓とは――プロローグ

「御百姓」

かつて民衆が自らを「御百姓」と、誇りをもって主張した時代があった。天明六年（一七八六）備後《びんご》福山藩でおきた百姓一揆にあたって、蜂起した百姓たちは、藩の役人に、

先日も百姓を鉄砲にて打ち取るといへり。汝《なんじ》らに打たるゝものは鳩や雉《きじ》ばかりなり。御百姓をば何とて打ち取ることなるべきぞ。もし我等が強訴《ごうそ》を妨るならば、この方より一人ものこらず打ち取るべきぞ。足元の明るい内に早く帰れ。

といいはなった。「御百姓」をどうして鉄砲などで、打ち取ることができようか、というのは一揆勢のたんなるつよがりではない。一揆の百姓たちに追い立てられた役人は、城にかえって、そのことをとがめられると、百姓どものことだからこそ、逃げ帰ったのだ。これが主家の大事の戦場ならば、どんな相手でも打ち破り、かなわなければ潔く死をとげるのが弓矢の家の本望というものだ。しかし今度のように「国家の宝たる御百姓」を相手にして、貴殿のように思慮もなく、むやみに押し寄せて、もし一人でも殺害すれば、公儀へのはばかりといい、隣国のきこえといい、その身は末代まで粗忽《そこつ》の名をとり、主君の恥となる。これをおもうから、なんとか平穏に静まらせようと、寝食をわすれて、思慮をめぐらしているのだと答えた。これをきいた城中の武士は、その道理に一言もなかったという（「安部野童子問」『日本庶民生活史料集成』第六巻、三一書房）。

御百姓は国の宝であり、一揆をおこしたからといって、一人でもむやみに殺害するのは、公儀へのはばかりや、隣国のきこえにもひびく、思慮のたりない行為であるという意識が、武士にもひろく共有されていることを、この逸話はしめしている。だから一揆勢の言葉は、百姓というものは、鉄砲で打ち取られるような、あつかいをうけてよいはずのない存在なのだという、かれらの身分をかけた自己主張なのである。そしてそのことは隣国のきこえ、つまり世評により支持されており、さらには公儀＝幕府によって裏付けられた、近世百姓の国制上の地位だったのである。

百姓とは

それではこの百姓という身分は、どのようにして成立したものだろうか。もう一つの一揆の言葉をきこう。

嘉永六年（一八五三）、南部藩の一揆のさい、解散を説諭にきた役人が、一揆勢にたいして、百姓の分際で、上を恐れない不届きものと叱りつけた。これにたいして百姓たちは「カラ〳〵」と笑って、

汝ら百姓などと軽しめるは心得違ひなり、百姓の事をよく承れ、士農工商天下の遊民皆な源平藤橘《げんぺいとうきつ》の四姓を離れず、天下諸民は皆な百姓なり、その命を養ふ故に、農民ばかりを百姓と云ふなり、汝らも百姓に養るなり、この道理を知らずして百姓らと罵《ののし》るは、不届き者なり、その処をのけて通せ

と答えた（「遠野唐丹寝物語」、小野武夫編『徳川時代百姓一揆叢談』上冊、刀江書院）。これは農民だけでなく、海民、山の民など農耕にかならずしも従事しないものも、百姓にふくまれるということをのぞけば、その意味と変遷をほぼ正確に言い当てている。百姓とは、古代以来もろもろの姓をもつ民、一般民衆という意味でもちいられてきた。もともと古代中

国に起源のある言葉で、東アジア世界の漢字文化圏でひろく使用されている。それが日本では、しだいに農民のことを称するようになり、近世では農耕民を中核とする身分呼称として固定した。そのさい武士もふくめて、天下の諸民の命を養うものが百姓なのだという百姓観が確立したのである。こうして形成された百姓観を展開させると、士農工商いずれも、みな根はおなじ百姓からおきたのだから、格別の差はないはずだし、まして百姓に養われているものが、百姓を罵るのは不届きだということにもなるのである。

もちろん福山藩一揆の百姓の発言もふくめて、ここでの主張は、じっさいの百姓一揆の場でおこなわれたことが、確認できるというわけではない。これはあくまで百姓一揆物語の作者の描いた百姓像にすぎない。しかしそれはまったく架空のものではなく、近世の武士や知識人が身分秩序のなかで、百姓身分を位置づけるときに、つねに説いてきた、ごく一般的説明であった。一揆物語の作者は、そうした当時の百姓身分をめぐる社会通念にもとづいて、一揆の場面で、百姓の発言を再構成したと考えられる。したがってたとえそれが、じっさいの一揆でいわれなかったとしても、当時の百姓という身分の社会認識の水準をしめすものであることは、うたがいないのである。

どの時代にもいえることだが、支配者が一方的に、民衆を抑えつけるというかたちで、支配を貫徹できるものではない。一時的には力による強制がおこなわれたとしても、それは結局ながつづきはしない。支配が安定的におこなわれるためには、むきだしの強制力だけでなく、民衆から合意をとりつけることが不可欠である。支配・被支配という関係をめぐって、相互になんらかの合意があり、これにもとづいて支配が正当なものとして社会に承認されておこなわれるのである。それぞれの地域・国家や時代によって、合意のあり方も、質もちがうし、相互にこれが完全に一致しているわけでもない。むしろ一定のちがいをもちながら、せめぎあっているのが現実であり、その境界はあいまいである。しかしそれは合意の枠組みの存在を否定するようなものではない。

公儀—百姓体系

こうした合意や正当性の構造をあきらかにすることは、その時代の特徴をあきらかにすることにほかならないのであるが、近世ではそれは、幕藩領主の頂点をなしている公儀と民衆の圧倒的多数をしめた百姓のおりなす、正当性の体系とみなすことができる。百姓一揆で主張された御百姓意識も、じつはこうした公儀—百姓体系を背景にしたものであった。

近世社会では、農民は年貢を上納する御百姓を勤めるものとして、その経営と相続の成り立ちを領主より保証される権利があるという主張をもっていた。年貢を上納するということは、たしかに重い負担であり、それは領主に従属していることの証《あかし》でもある。しかしいっぽうで、それゆえにこそ自らの経営と相続を保障させるために、領主に仁政を要求する権利があると主張したのである。そしてそのことは個別の領主と農民とのあいだで、保障されているだけでなく、公儀が全体として裏付けていた。公儀に相対しているのが百姓なのである。百姓は、古代以来、たんに一般民衆というだけでなく、国家の公的支配のもとにある公民としての歴史的意味をもっていた。武家領主制が成長する過程で、領主は百姓をその私的支配のもとに従属させようとして、百姓のはげしい抵抗をまねいた。その結果、近世では武家領主が、公儀として自ら公的性格をおびることで、支配の正当性を確保したのである（深谷克己『近世の国家・社会と天皇』校倉書房）。本書では、こうした位置づけをもった、近世百姓たちの世界のありようを描いてみたいと考えている。

本書の構成と方法

百姓世界として、ここで提示しようとしているものは、近世百姓が、古代・中世の百姓の歴史的蓄積を継承発展させた社会的・政治的位置の水準である。そのことを考えるために、ここでは百姓の土地、人と人のかかわりを出発点に、そこにいだかれる正当性（公共）観念の展開、近世百姓の身分的諸権利にもとづく自由を検討する。所有・社会的結合・正当（公共）性・自由の四つの切り口において、それぞれの社会意識を追究することで、百姓世界の歴史構造をあきらかにしようとこころみたのである。そのために近世百姓の生産・生活やそのつくりだす地域社会から、自律的に形成されてきた慣行や規範の発展に着目し、人びとが当面したさまざまな日常的できごと（小事件）からこれを再構成しようとした。日常的できごとは、それぞれに個性的であり、一回限りのものである。またそこでの当事者が、自ら当面したできごとの意味の全体像を理解したり、表明したりすることはまれである。したがってそのままでは、それは歴史の周縁にちらばって凝集しない、意味の破片にすぎない。しかし個々のかたちにこだわらず、遠くからこれをみると、全体が星雲のようなまとまりをもって、ゆるやかに動いていることに気づくことがある。日常生活者としての人びとがつくりだす、自律的秩序とは、そのようなものである。ここではそうした部分をよりどころに、近世の百姓世界にせまろうとしている。またここでは人びとの関係性により注意をはらった。人びとは日常的できごとに当面して、なにほどか自らとその社会を意識し、対象化してとらえようとする。そこに人びとの主体的な営みがあらわれる。しかしそれがつきつめられることはまれで、人びとはあいまいな認識のまま、周囲の関係に配慮してことをおさめる。人びとは、たいていは主体をつらぬいて生きるよりは、関係を生きるのである。だがじつは、その関係性も、人びとのそれとは意図しないできごとのぶつかり合いのなかで、ゆるやかに変化している。そのような関係性をふまえるように、ここではこころみた。

現代と百姓世界

高度成長による村落共同体の解体と大衆化社会の発展は、人びとをその自然の生存のよりどころから根こそぎにして分子化しつつ、管理のもとに編成するというかたちで、すすめられてきた。私たちは、一見、古い共同体の拘束からの自由を謳歌しているようでいて、じっさいは柔らかい管理の抑圧を生きている。ここでは管理／被管理、抑圧／被抑圧の境界はあいまいで、だれもがそれとは自覚せずに、管理・抑圧者でありうる。こうした状況のなかで、人間の自然と共同性の回復があらたな課題として提起されつつある。近世百姓世界の達成した社会的水準と限界を、その自律的秩序の発展にそくしてあきらかにすることは、この課題に接近する大事な足がかりとなるであろう。すくなくとも私たちの現在は、百姓世界の解体のなかから生まれてきたのであり、現在の私たちの思考や行動様式の多くは、なお深いところで、そこにむすびつけられている。私たちが、今日を生きるよりどころとして、共同性の回復を真にもとめるならば、自ら生まれてきた世界の達成と限界、その残した遺産を自己点検することなしには、すすむことができないのである。

人と土地

質地請戻し慣行

徳政と世直し

商品としての土地

現在では土地の所有は、私的権利として、その自由な利用・収益・処分を絶対的に保障されている。その所有権の強固な安定性を前提に、土地は商品化され、市場で自由に売買されている。こうした商品としての土地には、しばしば投機がともない、地価高騰が生み出される。

土地の商品化は、土地所有がはじまるとともに発生するといえるほど、その起源は古い。しかしそれが本格的に展開したのは、近代になって工業化がすすんでからのことであった。農業を生活の基礎とした前近代では、土地の商品化にたいしては、つよい抵抗がつきまとうのがつねであった。そこでは人びとは、現在とはまったくことなる論理で、土地とのむすびつきを考えていた。それを考えるうえで、日本の歴史上もっともよく知られた事例として、中世の徳政《とくせい》一揆と近世の世直し騒動がある。そこでまずこのことを出発点にして、近世百姓の土地とのかかわりを考えていくことにしよう。

公武徳政

徳政とは仁徳のある政治を意味する言葉であるが、一つの政策として姿をあらわしたのは一三世紀末の朝廷・幕府の政治改革であった。徳政は、最初雑訴《ざつそ》の興行と仏神事の興行が中心とされたが、やがて売却地の取り戻しをおもな内容とするようになった。

中世では、裁判制度の不備はいちじるしく、民衆の訴訟（雑訴）をきくこと自体が、徳政となる状況であった。当時は訴訟人が勝訴しても、その判決の実行は、訴訟人の実力にまかされることが普通で、社会の自力救済の習慣を前提に裁判制度が機能しているのが実態であった。当然、自力にたよれない人びとにとって、裁判は縁のうすいものだった。それでも訴訟が必要となると、寄沙汰《よせざた》と称して第三者に訴権をゆだねて訴訟の遂行をはかったり、かれらの実力で要求を実現することに期待した。この寄沙汰を請けるものには、山《さん》僧《そう》・神人《じんにん》が多く、かれらは蓄積された知識をもとに裁判で活躍したり、神仏の威をかさにきて、実力で相手の資産を差し押さえたりした。また山僧・神人などは、嗷訴《ごうそ》（強訴）集団を形成することで神仏の威力を体現して、権力者に理非の判断を停止して、要求をみとめることをせまった。雑訴の興行とはこうした事態に対抗して、公権力の再構築をはかるこころみにほかならなかったのである。また雑訴の多くは、債務問題であり、土地売買が大きな比重をしめたことが、徳政がやがて売却地の取り戻しに展開する背景となった。

いっぽう神仏事の興行も、寺社領の再興をはかることが重要な課題となった。本来、寺社の所領は神仏に寄進されたものであるが、いつのまにかこれが僧侶・神官の相伝の所領のようになって売買されることがすくなくなかった。寺社にかぎらず公家社会では、律令制の官職制度の解体とその家産化がすすんだため、遷代の職であるはずの官職にあるものが、それを相伝して家産化し、永代自専の職として、その役職やこれに付属した所領をおもうままにする動きがひろくみられた。公家徳政はこうした家産化の動きに歯止めをかけ、本来の姿にもどすという意識がつよくはたらいたのである。また武家でも、永仁徳政令により、御家人所領の回復が徳政と意識されるようになった。ここでも本来、御家人のものであるはずの所領が、そうでない非器のものに移動したので、これをもとの器量のものへもどして、正しい姿を回復するという論理から、売買された御家人所領が取り戻された。

商返し

公武徳政の土地取り戻しは、その発令の主旨からいえば寺社や武家身分のものを対象にしていた。しかし、ものの売買による移動は仮の姿にすぎず、本主にもどるべきものであるという、古代以来、民衆にいだかれていた売買観念に根ざす部分もあり、発令者の意図をこえて、ひろく民衆に受容されることになった。古代には、商返《あきかえ》しという習慣があった。古代では天皇は一年限りの暦をもっており、一年たつとすべてがもとにもどり、あらたまってはじめられると信じられていた。ものの売り買いも同様で、売ったものも、もとの持ち主にかえってくるというのが商返しで、『万葉集』にこれを詠んだ歌がのせられている（笠松宏至『日本中世法史論』東京大学出版会）。こうしたなかで一三世紀末になって、百姓のあいだにも、名田《みょうでん》・名主職《みょうしゅしき》は百姓相伝のものという意識がつよまるいっぽうで、貨幣経済が浸透しはじめ、田畑の売買がひろがってきた。このため幕府の意図をこえて、徳政令を百姓が自らのものとする動きがおきたのである。

徳政一揆

それは一五世紀になると、徳政をもとめる土一揆として本格的に歴史の表面にあらわれることになった。正長元年（一四二八）、将軍の代替わりを契機に、近江の馬借《ばしゃく》たちが徳政をもとめて土一揆をおこしたことが、そのはじまりであった。このとき、幕府は、一揆勢の徳政要求にはおうじなかったが、各地で地域的な徳政令がだされた。また嘉吉元年（一四四一）の徳政一揆では、幕府はついに天下一同の徳政をだすことになった。以後、これをもとめる土一揆があいつぎ、権力者が徳政令をださなくとも、在地徳政を実施することが各地でみられた。正長・嘉吉の徳政一揆は、いずれも将軍の代替わりの年であり、嘉吉のばあい、さらに暦法思想で変革のある辛酉革命《しんゆうかくめい》の年であるうえ、将軍足利義教の暗殺という激変が、人びとに世のあらたまりと復活を期待させたということが、その背後にあった。

地発

一五世紀の文書では、徳政を地発《じおこし》・地起しとも表現したが、地発は中世の伊勢・大和地方では、開発・開墾という意味で使用されており、また現在では、西日本で耕作をはじめるさいの農耕儀礼として、正月行事の一つとしておこなわれている。さらに語源をみると、オコシは息づくようにすることという意味があり、地発は、土地にあたらしく生命を付与する行為と理解される。徳政が地発と同列に表現されたのは、人びとが土地は開発により生命をあたえられたもので、開発者＝本主《ほんしゅ》と切り離すことのできないむすびつきをもっており、他のものへ売られたばあい、仮死の状態になっているので、本主へもどして本来の姿に再生させることが正しいあり方だという観念をもっていたためであった。こうした観念は、土地が商品などではなく、それ自体生命があるものという呪術的自然観念を前提になりたっていた。地起しには、起しという他動詞の表現法のほかに「地おくる」という自動詞で表現されるばあいもあり、地が生命をもっていて、自らそれを回復するという観念があったらしいことが、しめされているのである（勝俣鎮夫『戦国法成立史論』東京大学出版会）。

荒田打ちと片あらし

中世の徳政にあらわれた人と土地との関係意識が、以上のようなものだとすると、ただちに想起されるのが、荒田打《あらたう》ちと片あらしということである。荒田打ちとは、春正月から開始され、四月におよぶ起耕作業のことで、中世初期の農業を特徴づける農作業であった。中世初期には、連作する安定耕地につづいて、片あらしと称される休耕地が広範に存在しており、休耕地を再び耕す荒田打ちは連作地の起耕とは、まったくことなった重労働となった。中世では安定耕地・片あらし耕地の外側に、荒野があり、さらに山野がつづいた。荒野はたんに荒れ地というのではなく、いったん開発された後、耕作が放棄された土地で、これまた広大なものがあった。この安定耕地と片あらし耕地、片あらし耕地と荒野との境界は、つねに流動的で開発と荒廃は一つの組み合わされた日常だった。荒田打ちはそのいずれにもおよんだのである。荒田打ちでは、農夫が横にならんで、鋤《すき》をふんで耕作の作業をおこなったが、そのさい調子をあわせるために田打ち歌を歌った。その歌は、雁《がん》の鳴く声ににているといわれ、哀調をおびた旋律の重い感じのものであった（戸田芳実『初期中世社会史の研究』東京大学出版会）。土地に息をふきこむということにふさわしい、労働のリズムがそこにはあったのである。

田遊びと志多羅神

この荒田打ちをふくむ農業労働を春に芸能として演じて、豊かな収穫を予祝する行事が田遊びであった。田遊びは、一二世紀前後にかたちをととのえたと考えられるが、その歌謡は、天慶八年（九四五）におきた志多羅神《したらがみ》の宗教運動の影響がつよくみとめられた。志多羅神は、平将門・藤原純友の乱後の不安な世相のなかで、疫病《えきびょう》除《よ》けの神として、群集に奉じられて京にはいり、人びとを熱狂に巻き込んだ宗教運動であった。そのさいに歌われた童謡《わざうた》が、各地の田遊びの歌謡に残されているのである。志多羅神の童謡の冒頭の一首は、「月は笠着る、八幡種蒔《はちまんたねま》く、いざ我等は荒田開む」というものであるが、荒田打ちをつよく意識したものであったことがわかる。じっさい東海地方では、第四首目の「志多良打たば、牛はわききぬ、鞍打敷け佐米負はせむ」は「志多良打」という部分が「荒田打」となって、ひろく歌われている。形成されつつあった田遊びの歌謡が、志多羅神の童謡の原型となり、それがまた田遊びの歌謡に反映して、定着していったのである。民衆とともに志多羅神をむかえて、祭りを組織したのは刀禰《とね》など在地の富豪層であった。田遊びは、やがてはじまった大開発の時代のなかで、荘園の年中行事に取り込まれ完成をみたが、その歌詞には神・荘園領主・在地領主・村人・まいり人（浪人）などの荘園制的身分序列が歌いこめられ、領主の勧農イデオロギーの一環としての役割をはたした。こうした田遊びは、戦国期になって風流が盛行するとしだいに衰えて、めずらしい神事となっていった（黒田日出男『日本中世開発史の研究』校倉書房）。

世直しの民俗

徳政の状況が終息をみてから二〇〇年ほど後、債権破棄や土地取り戻しは、世直《よなお》し騒動として再び歴史の表面にあらわれた。世直しとは、凶事を吉事に祝いなおして、豊饒な世の出現を期待する民俗習慣をもとに、ミロク（弥勒）信仰などとむすんで発達した変革意識であった。ミロクとは釈迦につづいて仏となる未来仏で、その成仏のさい世にあらわれて教えを説き、人びとを救済すると信じられた。ミロクの出現は、世の終末、再生のときとも受けとめられた。末世では、私利私欲のものが横行し、それへの天のいましめとして災害が頻発する（天譴《てんけん》）。そして地上を破壊つくす世界の終末の後に、ミロクが出世して、人びとを救済して豊饒にみちた世をもたらすのである（宮田登『終末観の民俗学』弘文堂）。中世末・近世初頭では、地震があると「世直し〱」と呪文をとなえるなどという民俗習慣があった。寛政九年（一七九七）六月、常総農村では流行病がはやったため、「世直し」として、三日正月をおこなったという記録がある。これなどは、凶事を吉事として祝いなおす三日正月の習俗を、世直しとはっきり意識していることがわかる事例といえる（「豊田村名主日記」『龍ヶ崎市史』近世調査報告書II）。いっぽうこの少し前の天明四年（一七八四）、全盛をきわめた老中田沼意次《おきつぐ》の息子意知《おきとも》が、江戸城中で刃傷《にんじょう》にあい死ぬと、江戸の民衆はその罪により切腹させられた旗本を「世直し大明神」として祭った。一八世紀末には民俗的な世直し観念が、しだいに政治・社会批判の意識を芽生えさせるようになっていたのである。こうした意識は、農民層分解がすすんだ一九世紀には、いっそうつよまり、世直し騒動という百姓一揆のあたらしい形態を生み出すようになった。

世直し騒動

一揆が世直しをとなえるのが明確になるのは、天保七年（一八三六）の甲州騒動（郡内騒動）、三河の加茂一揆ごろからであった。甲州騒動では、甲府にはいって打ちこわしをおこなった騒動勢が、これを見物にきたものに「世直しの御神の御通りなり、下座いたして居れ」と口々にさけんだ（「甲飄談」『甲州文庫史料』二）。また加茂一揆では、騒動を「世間世直しの祭」をして人びとの難渋を救うためにおこしたといい、富にまかせて飢饉に米を買い占めたものへ「世直し神々来りて現罰を当て」るのだとして、打ちこわしをおこなった（「鴨の騒立」、日本思想大系58『民衆運動の思想』岩波書店）。世直し騒動は、冥加金《みょうがきん》や御用金の賦課、兵賦取り立て、流通統制などへの反対、年貢減免要求などの領主の政策に反対することを契機におきることもある。しかしいったん蜂起すると、米価引き下げ、施米金の醵出、質地（土地）・質物の返還、借金の棄捐《きえん》、村役人・豪農商の不正追及、村役人の総罷免《そうひめん》・公選化などの要求が噴出して、豪農商をはげしく打ちこわした。農民の没落がすすんで、豪農商との対立が深刻化したため、社会の根底からの変革をもとめる姿勢が表面にあらわれてきたのである。打ちこわしは、これにたいする自力救済行為の噴出であり、権力の統治能力が失なわれたことを表明するものだった。そうしたなかでは、ことに質地（土地）などの取り戻しや、借金の破棄、質物の返還や豪農商の打ちこわしによる制裁と、富の平均（ならし）が希求された。世直しは世均《よなら》しでもあったのである（佐々木潤之介『世直し』岩波書店）。

世直しと徳政

天保七年（一八三六）の加茂一揆の最中、その周辺にだされた蜂起をよびかける廻状の一項には「一借財　とくせい」とあった（『編年百姓一揆史料集成』第一三巻、三一書房）。また天保八年（一八三七）、大塩平八郎の乱につづいておきた摂津国能勢一揆では、一揆勢が「徳政大塩味方」「徳政訴訟人」などの旗をかかげて、打ちこわしに蜂起した。その廻状では、春以来の飢饉状況を回避するために、一国の有米を調査して、惣人数平均に配分すること、「かりかしなど、これきり徳政」とすることを朝廷に訴えるとしている（『編年百姓一揆史料集成』第一四巻、三一書房）。さらに明治二年（一八六九）、政府が土地の均分を実施するという風聞がひろまったことにたいして、広島県は政府が「徳政平均」を計画しているということは虚説である、という触れをだしている（豊田寛三「広島藩における『世直し状況』と『武一騒動』」、佐々木潤之介編『村方騒動と世直し』下、青木書店）。当時の打ちこわし騒動の記録に、徳政という表現があらわれることはすくなかったが、債権の破棄が徳政であるということは、それなりに知られていて、世直し騒動の要求した債権の破棄と、それにともなう質地取り戻しが、徳政と受けとめられる条件はあったのである。もちろん徳政と世直しのあいだには、数世紀の時間の経過があり、おなじ土地取り戻しといっても、その内容に大きな差があった。そのちがいが、近世と中世の人びとの土地とのかかわりのちがいだということができるだろう。それでは世直しの土地取り戻し要求をささえている、近世百姓の土地とのかかわりとは、どのようなものだろうか。以下検討をすすめたい。

質地請戻し慣行

近世で土地のもどり現象を日常的によくしめすものに、質地請戻し出入《でいり》（争論・訴訟）がある。これをつうじて近世の土地請戻しの慣行や所持観念を知ることができる。まずその一事例をしめそう。

質地請戻し出入の一例

常陸国信太《しだ》郡烏山村では、安政二年（一八五五）百姓与五左衛門が、先代が享和二年（一八〇二）に代金三両二分で質入れした下田一反一畝一九歩の土地の請戻しを質取り主甚兵衛に申し入れて出入となった。すでに質入れから五三年を経過していたが、与五左衛門は「当村の儀は、何ケ年相立ち候ても相返し候郷例」なので、養子をむかえて田地が不足しているし、相手が同地をほかのものに、質入れしようとしているという風聞もあるので、請戻しにおうじるのが当然であると主張した。これにたいし質取り主は、郷例があるといっても、自分も困窮して所持地の多くを質地にだしており、同地がなくては親の養育にもさしつかえる。同地は用水がない干損場だったのを入用《にゅうよう》をかけて用水を整備した土地で、質入れ主には、ときどき増金を上乗せして、合計一六両三分になっている。年限もたって田地の相場もあがっている。現在の相場で請戻すように、無心を頼んでくるならともかく、郷例などといって、元金で請戻したいというのでは納得できないと反論した。出入は領主の土浦藩に出訴されたが、調停にはいるものがあり、結局、質入れ主は質取り主の用水整備の費用五両二分を負担し、天保十年（一八三九）に質取り主が増金一両をだし、四両二分の証文に書き直していたので、これを元金として、あわせて一〇両をだすことで、請戻しがみとめられた（茨城県つくば市古来・藤沢家文書）。

出入はいちおうこれで解決されたが、この問題は、村に微妙な波紋を投げかけることになった。村では、まず土浦藩から、請戻しの郷例は「御公辺の御定法《ごじょうほう》」にそむく、もってのほかの「悪例」と叱責されたことをふまえて、これまでの土地売買については、従来どおり何年たっても元金での請戻しをみとめるが、以後は名主《なぬし》が奥印して、流地年限をまもるという主旨の議定を定めた。しかし質入れ主たちは、質取り主が議定書に連印はしたものの、郷例を破ろうとしているのではないかと疑い、その一名との付き合いを止めることで圧力をかけ、訴えられた。この事件は、内済となったが、同村ではその後も混乱は止まなかったようで、慶応四年（一八六八）にも、安政三年（一八五六）の議定の再確認がおこなわれている（茨城県つくば市烏山・酒井家文書）。

質地売買とその規制

質地は借金のかたに、土地を質として金主《きんしゅ》（質取り主）に引き渡すこと、一般に質入れ年季が定まっており、その期日に元金をかえして請戻さないばあい、流地となり所持権が移動することが特徴の土地売買の一形態であった。土地を金主にわたさないで、担保としたばあいは、書入れといって区別された。書入れには、利子がつくが、質地は金主が受け取った土地を経営して利益をあげることができるので、利子がつかず、元金で請戻すことができた。したがって年季になって、流地となるということさえなければ、質入れ主が土地を何年たっても請戻すことができるのは、べつに不思議ではない。じっさいにも年季を定めず、いつでも元金さえかえせば、請戻しができるという契約をしている質地証文もある。これを無年季有合《ありあわせ》次第《しだい》請戻し契約というが、幕府などでは禁止されていた。何十年もたってから、請戻し出入がおきても処理にこまるためであった。幕府では、質地売買が増えてくる一七世紀末から一八世紀前半になると、質地証文の記載の整備をすすめ、記載の不十分なものは不埒《ふらち》証文として訴訟をとりあげないことにした。このなかで質地年季をかならず定め、最長で一〇年をこえないことを命じている。また質地出入は、流地より一〇年経過したばあい受理しない、と時効年限を定めた。無年季有合請戻し契約の証文は、証文の年より一〇年を経過していると、訴訟は受理されなかった。最大でも質入れ後二〇年を経過すると、流地は確定するわけである。

関東の譜代藩の一つである土浦藩も、幕府法にしたがっていた。そのため烏山村の質地出入では、同村の無年季的質地請戻し慣行をもってのほかの悪例として、以後、御定法によるよう命じたのである。しかしこうした幕藩領主法は、じっさいにはあまりまもられなかった。烏山村にそくしていえば、村役人は結局、これまでの質地については無年季的質地請戻し慣行を容認し、以後の質地についてのみ流地を議定したにすぎなかった。またそれもあまりまもられず、再議定が必要であった。

御法と村法

ここでは御法と村法・郷例が対立して、村法・郷例が事実上優位にたっているといえるが、こうしたことは、めずらしいことではなかった。慶応二年（一八六六）におなじ関東の有力譜代藩であった小田原藩領の相模国足柄上郡関本村では、「有合証文」は何年たっても元金で請戻すことができるという村法がみだれたため、再議定をおこなった。ところがこれをまもらないものがいたため、藩の手代に内々で処分を願ったが、「受け戻し田畑の儀は、御法これあり、村規定は取りもちいに相ならず」と介入を拒否された。そこで翌年、村役人は村中の相談で再議定をきめ、同人も承認したうえでのことなので、「対談異変の罪、村仕置申し付け」てほしいと願い出て、ついに請戻しをみとめさせている（『神奈川県史』資料編5）。また信濃国更級郡田野口村の文政十一年（一八二八）の出入でも、質取り主側が質地流地後すでに、五年を経過しているとして、質地の「御泰（大）法」によって、流地をせまったが、質入れ主は承知せず、村の百姓も「勘《かん》弁《べん》」するべきだとして、質入れ主に同情した（国立史料館、同村文書）。ここでも領主の流地法が説得力をもっていないことはあきらかである。こうした点は、幕末・維新期に質地請戻し出入の多発した肥後の熊本藩領では、もっと明確である。同藩では、寛政二年（一七九〇）に三〇年以上所持の事実のある土地の訴訟を受理しないことを定め、天保二年（一八三一）にも再触れしていた。しかしこれに納得するものはすくなく、幕末期のある出入では、会所《かいしょ》で村役人が同法を読み聞かせても、質入れ主は「全《まった》く拵《こしら》え物に存じたてまつり」と受け付けなかった。藩の下役人もこの時効三〇年紀法を「一時の御教法にて、後年ニ至り不朽の御法則ニては御座なく候えども（中略）奸民を押へ候仕法外ニ御見込み御座なく候」というありさまで、自信をもっていたわけではなかった（『肥後藩農村史料』三）。

近世の法と集団秩序

近世の法というと、幕府の御定書百箇条《おさだめがきひゃっかじょう》が思い浮かべられ、整然とした制定法にしたがって、裁判がおこなわれていたと考えがちである。しかし当時の訴訟出入の解決には、裁許と内済とがあり、幕藩領主の定めた制定法が機能するのは奉行所の裁許まで至ったときで、その途中で調停により当事者同士で内済して、紛争を終結させるばあいは、制定法にかかわらなかった。奉行所は、民事紛争のばあい、基本的には内済をすすめたので、御法より社会慣行として根付いている村法・郷例にそって調停がおこなわれ、紛争が解決されることが多かった。そもそも近世では、近代のように、普遍的な法の存在を前提にして、その効果として社会関係が編成されるというような法秩序のイメージを描くことはできないのである。領主・村だけでなく、町、寺社、朝廷、職人などさまざまな諸集団がそれぞれに内部秩序として「生ける法」をもち、それが相互に重なり合ったり、矛盾する部分をもちながら、公儀（幕府）を頂点に重層しているのが近世の法秩序であった。幕藩領主も、その社会諸集団の自律性に依拠しながらでなければ、支配を維持することはできなかった。その意味では、幕藩領主もまた、社会の自力救済の力に依拠していたということができる。ただ中世とことなっているのは、自力救済が通常はむきだしの暴力としてはあらわれず、社会慣行の蓄積としてあらわれているということであった。

証文文言の効力

こうした法と社会秩序のあり方と見合うように、契約についても近代とはことなった受けとめ方がなされていた。質地にかぎらず、証文は契約ごとのために作成するのだから、違法でないかぎり、その記載はまもられなければならない。奉行所の取り調べと裁許は、ほぼこうした方向でおこなわれる。契約を尊重した証文主義的な裁決のあり方である。村むらでも幕末期には、ある程度証文文言などで、請戻しの効力に制限をくわえることも生まれていた。相模国足柄下郡府川村の嘉永四年（一八五一）の村議定書では、六〇年前までの請戻しを一般にみとめながら、「永代譲り貴殿名田ニなさるべし」や「子々孫々ニ至るまで構いこれなく」という文言のある証文は請戻せないと定めている。前者の文言はべつに「名田・名畠・苗林永代譲り」とされており、名田ということが、ことに重い意味をもったことがわかる。また「子々孫々」も中世から相続人追奪《ついだつ》担保《たんぽ》文言《もんごん》と称されて重視されていた（『神奈川県史』資料編5）。信濃国伊那郡柿野沢村の嘉永五年（一八五二）の請戻し出入では、質取り主が「我等子孫ハ申すニ及ばず、脇々他の構ひ御座なく候」という文言があると、請戻しを拒否しようとしている（国立史料館・同村文書）。また質地請戻し出入で、質入れ主が無年季有合次第請戻し契約をしているので、何年たっても請戻しにおうじるべきだと主張することも、これにふくめるべきかもしれない。相模国足柄上郡関本村の事例などはこれにあたる。しかし常陸国信太郡烏山村などのように、証文の文言にかかわらず質地全般について請戻すのが郷例だとするばあいは、東関東から東北にかけて多くみとめられる。常陸国筑波郡上菅間村では、天保九年（一八三八）の田畑の改めのさいに、「質地証文の儀、郷例の通り、年季相立ち何年相過ぎ候とも、出金返済の節は質地田畑相違なく相返し候筈《はず》ニ示談取り極め候事」と議定した（茨城県つくば市上菅間・坂寄家文書）。また陸奥国会津郡九々布村ほか二ヵ村では、嘉永六年（一八五三）に、これまで村むらでは、三ヵ年二作の質地証文で売買をしてきたが、質金を返金すれば、何年たっても請戻させることにするという村議定をしている（『下郷町史資料集』第一一集）。年季のある証文を作成していても、それにはこだわっていないのである。

永代売地の請戻し

質地証文にかぎらず、永代売証文での売買でも、請戻しをもとめることはめずらしくなかった。弘化三年（一八四六）に駿河国駿東郡東田中村では、古くから売り渡していた「永代地流地並び年季明ケ御証文」を書き換え請戻すようにして困窮百姓を立ち直らせたいとするものと、これに反対するものが対立し、郡中取締衆があいだにはいって調停がなされた。この結果、潰《つぶれ》百姓の屋敷地は、古証文をあらため元金で請戻させる。ただし買地でも、自分屋敷はかえさなくともよい。田畑の請戻しは、和談により売り渡す。和談がととのわなければ、御定法にしたがうと議定がなされている（『御殿場市史』第三巻）。和談がととのうばあいは、永代売地でも、請戻しは可能であった。九州の福岡藩では、永代売でも七〇〜一〇〇年も後に、請戻しがおこなわれた事例があったという（江藤彰彦「近世における土地制度」、岡光夫ほか編『日本経済史』ミネルヴァ書房）。永代売といえば、永久に所持権を売ると考えがちであるが、古代では、永代売は一年限りの売買である賃租にたいして、年季をかぎらないということにすぎず、請戻し権が失われたということを意味しなかった（菊池康明『日本古代土地所有の研究』東京大学出版会）。中世になって、永代売が、請戻し権を否定する意味をもつようになったので、徳政ということも必要になったのである（菅野文夫「中世における土地売買と質契約」『史学雑誌』九三巻九号）。またこれにともない、請戻し権を確認する売買証文の必要もまして、質地証文の前提となる本銭返し証文も生まれた。近世の質地証文は、その発展形態なのである。しかし戦国期では、まだ永代売の請戻しがおこなわれていることが知られている（神田千里「中世後期の作職売買に関する一考察」、石井進編『中世の村と流通』吉川弘文館）。近世では永代売禁止令がでていることでもわかるように、永代売は請戻しがきかないという考え方が、かなりつよまってはいたが、それでもその境界はあいまいで、請戻し権の否定は完全なものではなかったのである。

無心と勘弁

このように近世の村の土地売買では、証文の契約文言がまったく役に立たないということではないにしても、近代的な意味での証文契約の効力というものは、あまり定着していなかったといってよい。出羽国置賜郡羽付村の寛政九年（一七九七）の請戻し出入では、扱い人が証文などを確認して、請戻すべき「理合《りあい》」はないとした上で、「理合の儀ハ打ち捨て候て、誠の真（親）切道」をもって、請戻しにおうじるべきだと説得したという（『南陽市史編集資料集』第一七号）。証文を点検しても、質取り主に非はないが、理屈ぬきに親切心で請戻させてほしいというのである。こうなるともう、契約や法ということを論じる次元ではないのかもしれない。甲信地方から東海などの中間地帯では、場所によっては請戻しをもとめるのに、村法・郷例といういいかたをせず、無心するということがみられた。質取り主は、例にはないがと確認したうえで、相手の事情を勘弁して、請戻しにおうじたり、増金をだしているばあいがある。契約観念のすすんだとおもわれる畿内でも同様で、山城国相楽郡西法花野村では、明治四年（一八七一）、四〇年前の天保年中に「譲り切り」となっている土地を「先祖の因縁」を「勘弁」して請戻しをみとめたという例がある（東京大学経済学部所管・浅田家文書）。無心としてしまえば、ただ相手の寛容さにすがっているだけで、そこから近世の人びとの土地をめぐる社会通念・正当性をつかみだすことはむずかしいようにみえる。

しかしそれは契約や法が、絶対的な客観性をもって人びとを拘束していると思いこむ、現代人の観念からみるから、そのようにみえるにすぎない。

間柄と融通

近世では、むしろそのときどきの相互の事情の摺《す》り合わせが重視された。文久元年（一八六一）遠江国敷知郡岩室村の請戻し出入では、質取り主は耕地を余分に所持し、凶作でも貯えをするほどのものであるが、質入れ主は、かなりの豊作でも半年の食料にもこまる貧民で、いずれ潰《つぶ》れになると心配しているので、請戻させるように説得してほしいと役所に訴えている（『静岡県史』資料編12）。また下野国河内郡三軒在家村の文久二年（一八六二）の出入では、名主は大高持で百姓相続を世話しなければならないのに、請戻しにおうじないのは、「私欲勝手」であるなどと非難された（『上三川町史』近世史料編）。相手の相続がいきとどくよう事情を察して、請戻しにおうじることが、富裕なものにふさわしい態度とされたのである。また請戻しにおうじるばあい、本分・親類・慈愛・義理の間柄などを考慮しておうじたとすることが多くみられた。事情を察するには、それだけの関係が前提となる。それが間柄であった。一面で土地売買は、間柄をつうじた金融の結果なのであり、人と人のむすびつきそのものであった。したがって請戻しでも、この間柄が思い起こされたのである。こうした金融は、相手の困窮を救うための融通であり、ことさら利益をもとめるものであってはならないと理解された。まったく見ず知らずの人が、わずか一時間ほど向き合って契約が成立してしまう現代の土地売買。そこでの売り手と買い手の非人格化されたかかわりかたとは、まったくことなった濃密な人間関係がここにはあったのである。

検地名請

質地請戻しの要求を、土地とのむすびつきという、もう一段深いところでささえているのは、質入れ主が元地主であり、その土地が質入れ主の名田・本地であるということだった。そしてその内容の一つは、検地名請《なうけ》（検地帳への登録）であった。慶応三年（一八六七）、相模国足柄上郡関本村では、元組頭《くみがしら》が古帳を所持し、これをもとに「万治年中（一六五八〜六〇）御縄請《おなわうけ》の分、縄受地主え差し戻しニ相なり候様いたし申し度」などと小前《こまえ》百姓にすすめて、自らも請戻した。それにもかかわらず、自分の所持地にたいする請戻し要求におうじなかったため、村役人から訴えられた（『南足柄市史』2）。また越後国魚沼郡大倉村では、慶応二年（一八六六）に文化年中に質入れしていた、「天和度御竿請《おさおうけ》」（一六八一〜八三）の土地などを請戻そうとして出入となると、質入れ主は、村では何年たった古証文でも流地にはしないという議定が天保年間になされたと主張している（明治大学刑事博物館・大崎村文書）。肥後熊本藩では、請戻し出入がおきると宝暦検地帳（一七五一〜六三）に引き合わせて、名請人を確定していたが、幕末には村役人は年貢納入のために、そのときどきの所持者を書き上げた名寄帳《なよせちょう》をもって、これにかえようとして、検地名請をもとに請戻しを主張する質入れ主と対立している（『肥後藩農村史料』三）。

近世後期分付　検地後、売買により土地移動がおこなわれると、村ではそれを名寄帳に記録して、年貢を賦課した。質地のばあいでも年季中はおなじであった。そのばあい、質取り主の口座には、質地は御竿請何某分などと記載された。また近世後期に土地帳簿の改めをおこなった村では、分付《ぶんづけ》により元の検地帳の名請人を残すことがあった。たとえば下野国安蘇郡君田村の元禄元年（一六八八）「君田村御水帳写改《おみずちょううつしあらため》」の冒頭は、

屋敷前　　与三分
上田壱反七畝拾五歩　　たま

となっている。与三はこのもとになっている元和四年（一六一八）検地の名請人で、たまが元禄の改め当時の所持者である。この関係は、安政三年（一八五六）の名寄帳にも引き継がれ、元和の名請人名が幕末期まで残されたことがわかる。近世初期の検地帳にも分付記載があらわれるが、これはなんらかの従属・族縁関係をしめすものと理解されている。これにたいし後期分付は、初期検地帳の名請名の継承に特徴があるのである。後期分付は質地証文などにも記載されており、ほぼ全国的にみとめることができる（白川部達夫「近世後期の分付記載について」『古文書研究』二三号）。幕府などでは、土地争論にそなえて、質地証文の土地は検地帳と対照して、正確に記載するように命じているので、このためとも考えられる。しかしいっぽうで検地名請にもとづく請戻し権を考慮して、分付で検地名請を残そうとする動きもあった。

元名請人の帳付

幕府の代官江川太郎左衛門は、明和八年（一七七一）相模国高座郡茅ヶ崎村の検地にあたって、伺書《うかがいしょ》を幕府勘定所に提出して、その指示をあおいだ。そのうちの一ヵ条で、検地縄受けについて、田畑の質流れで地主は旧来とはかわっているが、村では元縄受けにより草分け百姓や新旧の区別をつけている。そこで今度の検地では検地帳に、現在の持ち主を名請させるが、元地主をその肩書に書くようにしてはどうか、などと数案の帳付《ちょうづけ》の仕方をしめして伺いをたてている。元地主を肩書に記載するというのは、ここでいう後期分付のことである。江川は検地を契機に、名請地を失うまいとする元地主と現在の持ち主のあいだで、請戻しをめぐる出入がおき、作業が渋滞することを恐れて、後期分付で双方の立場を調停しようとしたのである。これにたいする勘定所の回答は、検地では流地は現在の持ち主を名請させ、質地年季中のものは元地主へ名請させるというもので、後期分付は実現しなかった（『茅ヶ崎市史』1）。しかし一般の村でおこなわれる名寄帳改めや検地帳改めで、多く残されている後期分付が、流地でさえ容易に解消しない、元地主の所持権を反映している可能性は高いといえるだろう。その潜在的な所持権の発動が無年季的質地の請戻しなのである。近世後期に、質地を集積して成長した大高持は、結局、この「分」を集積したのにすぎなかった。こうした事情を明治初年の遠江国敷知郡の民事慣例の報告では、質地は一〇年の年季で期限をすぎれば、流地となり、所有権が移るが、村方ではこの権を重くみて、年季がきたばあい、また証文を書き換えて一〇年季の質地にいれたことにしている。したがって「豪富ニて金を貸出し、多分の質地を有すれども、所有権なきを以て名敷地なき者と称し、賎視する事あり」としている（「全国民事慣例類集」『日本経済大典』第五〇）。

百姓株式

質地請戻しの論拠として、元地主であり、名田・本地であるということの内容のもう一つは、それが村の成員権と百姓の所持が一体となった百姓株式（五六〜五八ページ）であるということであった。百姓株式や名田・本地と検地名請は、一致していることは多いが、一致しないこともすくなくなかった。百姓のすべてが、たしかな名請地《なうけち》をもっているわけではなかった。信濃国伊那郡柿野沢村の嘉永五年（一八五二）の質地出入で、請戻しをもとめられた百姓が、自分は分家で「御検地受の百姓ニ御座なく、残らず買券の地所」なので、返地におうじていては「無高」になってしまうと主張しているように、検地名請地をもたない百姓もいたのである（国立史料館・同村文書）。相模国足柄下郡府川村の嘉永四年（一八五一）の議定では、「少分の百姓」で「買苗（名）」が多いところへ、請戻しをもとめてはこまるので、それにふさわしい田畑を用意して、そのうえで請戻すようにと定めている（『神奈川県史』資料編5）。このばあい小百姓ならば、その家が請戻しで、潰れないように配慮されているのである。

それだけでなく検地名請地でない土地でも、請戻しがおこなわれる事例がある。嘉永五年（一八五二）、武蔵国埼玉郡大瀬村では寛永四年（一六二七）の検地帳名請七名分の屋敷・田畑にたいして「元地主の由緒」で請戻しをもとめるものがあり、ほぼ半分が請戻されている。検地帳名請人が七名もあり、このすべてが請戻し請求者の先祖であったとはとうてい考えがたい。したがってここでの元地主は、元検地名請人とおなじ意味ではなかったとみるべきだろう。請戻しにおうじた側は、この請戻し請求者を「先地主」ともいっており、元地主とは先地主の意味であった（『八潮市史』史料編近世I）。検地名請人ではなくとも、なんらかの由緒がみとめられれば、元地主として請戻しが可能であったのである。また筑前福岡藩の村では、享保飢饉以後の売買についての請戻しは、何年たっていてもみとめられたが、それ以前におよぶ請戻しを禁止するばあいがあった（江藤彰彦「近世における土地制度」、岡光夫ほか編『日本経済史』ミネルヴァ書房）。享保飢饉の荒廃のため潰百姓が増加し、土地の所持関係が混乱するなかから、あたらしい百姓の家が成立していったため、飢饉以前の検地名請まで、請戻し権を遡及《そきゅう》させることができなくなったのである。ここでは百姓株式は、検地名請と継承関係がなく、むしろこれとは対抗的に自らの請戻し権を主張しているといえる。

このように検地名請の規定力も大きかったものの、それは百姓が自らの家の所持の起点であるととらえたときに、意味あるものになるといえるだろう。そのような観点から、近世の土地の戻りの観念は、検地名請と百姓株式の二重規定性のなかに権原《けんげん》をおいていたということができるのである。

地発・請戻し・近代的所有

地発・請戻し観念と近代的所有

近世では土地の戻りは、検地名請と百姓株式に権原《けんげん》をおいていた。ときには新田地主の由緒がいわれ、荒地開発による所持関係の変化が重視されることはあったが、中世のように開発により土地に生命を付与することによる人と土地との呪術的なむすびつきという観念は、表面にあらわれることはなかった。また近世では戻りの意識は社会慣行として表現された。近世の請戻しにみられる人と土地とのむすびつきのあらわされかたは、本源的なものではなく、二次的なものであったということができる。しかし人と土地とのむすびつきが、絶対性・観念性をもつ方向に展開したことでは、中世と近世にちがいはなかった。近代的所有の観念的で絶対的な性格とは、物権的請求権において明瞭にあらわされている。それは所有の本来あるべき状態が侵害されているばあい、所有権者はそれを事実上支配していたかどうかに関係なく、その回復を請求できるというものであった。地発《ちおこし》についても、請戻しについても、その土地をだれが耕作しているかに関係なく、回復請求がなされており、その意味で、逆説的になるが、近代的所有の絶対的性格の前提となるものであった。中世と近世のちがいは、それが呪術的なものとしてあらわれるか、社会慣行として、なかば法的表現をえてあらわれるのか、というものであった。また中世・近世と近代的土地所有のちがいは、中世・近世のそれが人と人の関係そのものとしてあらわれるのにたいして、近代のそれは物と物との関係であるかのようにあらわれるため、売買による所有の移動、商品としての土地を、物の本来の姿としてみとめるという点であったといえるだろう（『川島武宜著作集』第七巻、岩波書店）。

本券と手継ぎ

中世では、土地所持の確認は、本券《ほんけん》によってなされた。本券とは、売り主がその土地の正当な持ち主であることを証明する証文で、開発以来の譲り状であったり、そのものが土地を買い取るさいに作成された証文より前の売買証文であったりした。土地を売買するときには、売買証文のほかに、この本券が添えられる。本券は売買証文に貼り継がれ、この状態になった文書を手継《てつ》ぎ証文といった。つぎつぎに十数通の売買証文・譲り状が貼り継がれ、一〇〇年をこえて残されているばあいもある。土地を入手したさいの、その本人へ宛てた譲り状・売買証文より、それ以前に伝えられてきたことを証明する本券のほうが重視されており、本券があれば、それがたとえ自分宛のものでなくとも、その土地の所持権を主張することができた。本券をもっていること自体が、所持の証明と考えられたのである。しかしこの本券もじつは、その連続が断ち切られていることが、それほどめずらしくなかった。売買や譲りには、証文を作成するのが確実ではあるが、それをしないで無券文のままでおこなわれる売買や譲りもかなりあり、これが本券を中断させる原因となった。本券は、所持の証明としては、当時の感覚でもかなりあてにならないものだったらしく、〝しどけない〟ことが「古券の常」だなどといわれている。それでも人びとは本券を大事にして、これを所持のよりどころとした。そういう態度を文書フェティシズム（物神崇拝）と称している。もちろんこれに疑問をもって、売買・譲りが正しく継続されていない本券を無効とする主張もあった（菅野文夫「本券と手継」『日本史研究』二八四号ほか）。しかし無券文の売買や譲りがかなりおこなわれており、本券もあまり信頼できないのが、あたりまえの現実のなかでは、そうした主張をつらぬきとおすことは、かえって所持秩序の混乱をもたらすだけだったにちがいない。そこに文書フェティシズム（物神崇拝）が維持される条件があった。このように私券により、その所持が確認されるのが、中世の所持の特徴で、荘園領主の作成する検注帳などを百姓が証拠とすることはほとんどなかった（山本隆志「中世検注の意義」『地方史研究』一七〇号）。

検地と「さばき」

これにたいして検地帳の名請事実を絶対的に重視するのが、近世の百姓所持の特徴であった。豊臣秀吉により実施された太閤検地では、作《さく》職《しき》はその前年の年貢を納めたものにあたえて、検地帳名請人とすると定めた。またその作職について、石田三成の文禄五年（一五九六）の掟書《おきてがき》では、検地帳に名請されたものの「さハき（裁き）」として、人にとられることも、人のものを昔は自分の作職だったとして、とることも禁止するとして保護している。年貢を納入するものが、どのような実態の百姓であったかについては、かならずしも明確に定められたものではないが、領主としては直接耕作者である小百姓をできるだけ名請させ、かれらが名主百姓に払っていた下作料《げさくりょう》などの中間搾取を排除し、年貢として吸収しようとした。このため近世の百姓的所持は、基本的には小百姓的所持としての性格をもつものとなっていったのである。

しかし百姓的所持は、太閤検地以下の検地で、ただちに定着したのではなかった。百姓は土地についたものとか、検地帳に名請されたものは百姓として、大名の転封のさいにつれていってはならないという、百姓の身分的所持にかかわる観念や秩序は、近世初頭よりおこなわれていたが、百姓自身が年貢負担にたえかねて、逃散《ちょうさん》・欠落《かけおち》することが広範にみとめられ、かれらが自分のものとして名請地とむすぶことが、なお困難な状況があった。検地帳にも、荒れや失せ人の記載が広範にあるばあいもあり、領主も年貢を未進する百姓を「いたずら」百姓として、田畑を取り上げることを法令で定めていた。この時期には、中世のように荒廃と開発が日常的であるような状況が、なおつづいていたのである。

中世・近世の紛争地の帰属

小百姓が検地名請地を自らのものとして、土地とのむすびつきをつよめるまでに、その所持を確立させるのは、一七世紀中葉をすぎた段階であった。これにしたがい領主も、この段階に検地名請によって百姓の現実の土地関係をとらえ、これを絶対的基準として、その土地紛争を裁許するようになった。中世の土地紛争では、所有の由緒がどちらに優位であるかがあらそわれ、優位と判断されたものの所有が当面みとめられた。ここでは権利は相対的なものであった。これにたいして、近世中期に確立した百姓の土地所持の紛争では、検地名請が絶対的な基準となっていた。したがって係争地が、検地名請地と対応するかどうか、あるいは係争者が名請人またはその子孫にあたるかどうかがあらそわれた。審理の結果、該当すると判断されたばあい、土地はそのものの所持に帰すが、訴答いずれも該当しないということもありえた。中世では訴訟は相対的な優位をあらそうため、所属がかならずいずれかに帰すが、近世では、いずれも証拠がないということがありうるのである。このばあい土地は公儀に没収される。近世の検地名請が、百姓の所持を絶対的に保障しているというのは、この点にかかわっている。ここでは検地帳は、百姓の土地台帳（公簿）としての役割をはたすようになっているといえる（石井紫郎『日本国制史研究』I、東京大学出版会）。ただしその絶対性が近代とことなっているのは、いっぽうでそれが請戻しの権原ともなるような性格があり、近代的所有の絶対性がもっているような、自由な物権変動（売買）を保障するのではなく、阻止しているという点であった。

シキマキ・クシザシ・アゼナワ

徳政の土地の戻りであるにせよ、請戻しによる戻りであるにせよ、そこには人と土地との絶対的なむすびつきや、そこへの希求が含意されていた。このため土地の具体的利用にともなうむすびつきという意識は、前提とされていたにせよ、表面にはあらわれなかった。近世の質地請戻し請求は、質地を質取り主が直接耕作（手作り）しているか、小作にだしているかに関係なくおこなわれた。また近世の用益権として永小作制度があるが、これも地主の底地権にたいして、小作人の上地権という所有権的表現であらわされる物権的性格をもつものであった。古代には、シキマキ・クシザシ・アゼナワという耕作・用益の侵犯行為が重大犯罪と意識されていた。耕作にあたって、種子をまき、その耕地に注連縄《しめなわ》を張り、串をさしてその所有をしめし、農耕がおわったらとりはらうという習俗があった。この土地にたいして、二重に種子をまいたり、クシやナワをとりはらって、自分のものを設けるのが、シキマキ・クシザシ・アゼナワとして重罪とされたのである。こうしたものは中世では、まだ土地争論で問題になったが、近世ではその意味も理解されなくなっており、近代になって小作争議が高まるなかで、法律家や歴史家によって再発見されたという（岩本由輝『村と土地の社会史』刀水書房）。

百姓的所持の身分的性格

もちろんじっさいには、請戻しの論理も百姓の家の相続（百姓株式）という具体的な利用にもとづく、土地とのむすびつきの回復という、主張が背景にあった。したがって請戻した土地を耕作せず、ただちにほかのものに高値で売り渡すなどということは、禁じられるのが普通だった（両売の禁止）。資金が必要なら、前の質取り主に再び質入れするということが約束されているばあいが多い。

しかし新田地主のように数町歩の土地の請戻しもあり、はじめから自ら耕作することは予定されず、小作関係が前提にされていたものもある。こうした土地でも、新田開発の由緒があれば、請戻しの論理は機能したのである。近世の質地請戻し慣行が、多くのばあい、小百姓の耕作による相続という、具体的な利用と生活を保護する機能をはたしたことは、きわめて重要な事実であるが、土地は使用するもののものという発想は、かならずしも明確でなかった。そこでの所持は一面、伝統的な固定性や閉鎖性をもってあらわれざるをえない。百姓の身分的所持とその排他的な性格は、それに裏打ちされているのである。明和三年（一七六六）の相模国のある旗本領にだされた「五人組式目之巻」という法令を解説した文書では、永代売禁止令を説明して、神代より田がはじまって、食料をつくったとき、百姓をたてて田地の守護とした。それよりいままで、田地にそなわるものは百姓をつとめることなので、我にそなわる田地を永代に人にわたすことは、天にたいして恐れがある。一度百姓に生まれたものが、田地を人にわたせば、家が絶えることがあるので、不憫《ふびん》におもわれて、永代売禁止を仰せだされたのであるとしている。田地が百姓という身分にそなわっているものであり、その身分的所持をゆるがしかねないものとして、永代売が説明されているのである（『神奈川県史』資料編7）。こうした身分的所持の性格は、その所持から百姓の家の当主以外の構成員、ことに女性を排除するとともに、町人・被差別民を排除する特質があったことも注意したい。

小百姓・村・公儀

検地と小百姓

太閤検地にはじまる近世初期の検地では、小百姓を名請《なうけ》して、その作職《さくしき》をみとめる方向が、しだいに一般的なものとなっていった。しかしそれは小百姓的所持が検地名請とむすびついて確立したことをただちに意味はしなかった。それが安定するには、半世紀以上の小百姓の闘いが必要であった。小百姓にとって名請地を自らのものとすること自体が、自立の闘いをへなければならなかった。

井戸村氏と介若後家

寛永六年（一六二九）に近江国坂田郡箕浦村では、代々同地の荘官をつとめ、石田三成の家中だったこともある土豪百姓の井戸村氏が、名請地の召し上げを小百姓に要求して出入となった。井戸村氏は、天正十九年（一五九二）の検地にあたって八町歩余におよぶ作職を確認して、扶持《ふち》していた被官《ひかん》・百姓二六名より、この作職は井戸村氏から扶持されたものであること、子々孫々にいたるまで売買したならば糾明してよいこと、耕地をかくしたり売ったばあいは、召し上げてよいこと、「御検地の上、めん〳〵名付け仕り、指出《さしいだ》し仕り候とも、何時に寄らず召し上げ候とも」異議をいわないという一札をとっていた。そこでこれにもとづいて土地の返還をもとめたところ、小百姓介若《すけわか》の後家が、天正検地につづいて慶長七年（一六〇二）の検地にも名請され、役儀以下をつとめており、迷惑であると訴えて争論となったのである（峰岸純夫「検地と土豪・農民」『日本民衆の歴史』3、三省堂）。介若後家の検地名請による主張にたいして、井戸村氏は、近江一国中で家来をもつものの田地は、おおかた家来の名請で、自分にかぎらない。また自分には、たしかな預り状と証人があると、先の一札をもとに取り戻しを主張した。このため介若後家の主張は、結局、奉行の裁許でみとめられなかった（河崎幸一「在地土豪の近世的変貌について」『近江地方史研究』一三号）。このことは二度の検地をへても、名請による小百姓的所持が、なお完全には安定していなかったことをしめしている。

井戸村氏は寛永十四年（一六三七）には河原の預け作地を百姓から取り上げようとして訴訟をおこした。百姓のなかには詫言《わびごと》をいって預りの継続をみとめられるものもいたが、そのあらたな預り状では、いつ同地を召し上げられても異議をとなえないとしたうえで、「若子《もし》々孫々迄御預りなされ、重ても御検地の名請仕り候とも、お召し上げなさるニは毛頭申し分御座あるまじく候」という誓約をさせている。やはり井戸村氏は預り状があれば、名請地を取り上げることができるという態度をかえてはいない（宮川満『太閤検地論』第Ⅲ部、御茶の水書房）。井戸村氏をめぐるこうした訴訟は、延宝五年（一六七七）まで確認できる（長浜市立歴史博物館所管・井戸村氏文書「歴代古書年譜」）。井戸村氏の主張は、どちらかといえば中世の文書主義的なものであったといえるかもしれない。

中世的証文主義のつよさ

太閤検地では、検地帳に名請されたものの作職を保障するという建前になっていたが、現実には領主の検地帳には名請されても、預り状の効力がつよい地域では、領主の奉行でもそれをみとめなかったのである。また検地帳に名請されても、村が年貢徴収のために作成した名寄帳《なよせちょう》には、もとの主家や本家の所持地に一括されているばあいが多かった。さらに近世初期の検地帳に、隷属関係をしめす分付《ぶんづけ》がつけられることもひろくみられた。

「しんがい」と「ほまち」

中世では下人・門屋《かどや》などの従属農民は、主人のもとではたらきながら、その合い間に「しんがい（新開）」「ほまち」と称する小規模な農地を耕作していた。主人の管理下にある荒れ地や生産力の低い耕地を耕作して、その収穫を私用にあてることを黙認されていたのである。こうした土地は、耕作していた下人が死ねば荒れ地にもどるか、ほかのものにあたえられた。またかれらの努力で生産力が安定すれば、主人の土地に繰り込まれることもすくなくなかった。井戸村氏が召し上げようとした河原の預け作地は、おそらくこれにあたるだろう。中世の名主の開発は、つねにこうした部分を周縁にもっていた。下人・門屋の労働のエネルギーこそが、中世開発の原動力であった。地起しということも、じつは深いところで、これらの直接耕作者の土地とのむすびつきの願望がささえていたと考えられる。またこうした耕地に本券がないのは当然だった。

いっぽう中世後期になると、下人たちは自らの耕地に労力をそそぎ、主人への奉公を回避しようとするようになる。狂言の不奉公物の代表とされている「武悪」は、武悪の不奉公に怒った主人が、太郎冠者に武悪の成敗を命じて、かえってやりこめられるという内容であるが、主人は武悪成敗の理由を「しんがい」をして不奉公をはたらくことがゆるせないとしている（佐竹昭広『下剋上の文学』筑摩書房）。下人の小規模開発による不奉公問題は、狂言の題材にとられるほど普遍的なもので、一七世紀末に小百姓の自立が完成するまでつづいた。検地帳に名請される小百姓の所持地は、このような「しんがい」「ほまち」といった耕地を中心としたものだったのである。

耕地の細分化

小百姓はわずかな所持地を、鍬《くわ》などの小農具による家族労働を中心として耕作した。その耕作は、「粒々辛苦《りゅうりゅうしんく》」といわれるような丹誠をきわめたもので、家族労働を最大限に投入して、集約的農業が営まれた。これにともない耕地は、しだいに細分化されて零細で錯圃した形態となった。労働対象である耕地は、家族労働を効率よく投入するのに、みあう程度の規模でなければならなかったからである。下人をつかい牛馬による犂耕《りこう》をおこなった中世以来の土豪百姓は、まとまった耕地片のほうが耕作に有利で、一反以上の耕地片をもつものもめずらしくなかった。しかし小百姓の自立がすすむと、これに対応して分家をつぎつぎと創出したので、やがて一反以上の耕地片は分割配分され、小百姓とあまりかわらない耕作規模や労働形態をとるようになった（葉山禎作「近世前期の農業生産と農民生活」、岩波講座『日本歴史』10、岩波書店）。このような小百姓の成立と耕作方式とは、従来以上に土地と人とのむすびつきを深めることとなった。

近江国坂田郡箕浦村の介若後家が綿々と訴えたように、三代にわたり苦闘をつづけたうえで、夫に死に別れて、一二年ものあいだ耕作した土地といった、それ自体百姓存在に歴史的にむすびついたものとなっていったのである。

孫十郎後家一件

小百姓の家族と土地とのむすびつきの安定化により、そこに小百姓の家が成立することになったが、その実現は介若後家一件でみるように、容易なものではなかった。信濃国佐久郡下海瀬村では、一七世紀末に門屋から小百姓への自立がすすめられていたが、元禄四年（一六九一）小百姓の孫十郎が急死したさい、兄が後家の留守に家財・土地をおさえた。またかつての主人の抱親も、孫十郎兄弟はもとは自分の親が取り立てた分付百姓であることを理由に土地支配を主張して、相続を訴える後家の三者のあいだで紛争が生じた。孫十郎家は解体の危機に陥ったのである。これにたいして村中は、家財・土地を取り返し、元抱親からは検地帳に記載されたこの土地の分付をはずさせ、孫十郎が生前購入していた土地の買証文を回収した。また後家は、元抱親の従属百姓に再婚させ、幼少の娘が成長したさいに、一軒前の小百姓として孫十郎家を相続させることで事態を収拾した。孫十郎家は、屋敷地も年季買いした土地で、年季がきたため兄が家作を取り壊して返地した。また名請地も主人に分付されており、自ら購入した土地の買証文も主人におさえられていたというから、家族と家産である土地が安定したむすびつきをもってはいなかった。それが孫十郎の死により、危機にさらされたのであるが、これを乗り越えることで、家としての所持をかためることができたといえるだろう。後家が他家へ再婚し、家族・家産はいったんは解体するという代償を払うことになったが、孫十郎家はむしろこの不幸な事件をつうじて、小百姓として村中などから再確認され、確立することになった（白川部達夫「元禄期の小百姓的所持と家」、村上直編『幕藩制社会の地域的展開』雄山閣出版）。介若後家一件から孫十郎後家一件まで、約半世紀の歳月が流れている。この間、日本の各地で、こうした小百姓の家の形成をめぐる苦闘が繰り広げられた。そうした闘いこそが、近世の百姓の土地とのむすびつきの内容を基礎づけているのである。

小百姓の土地所持と家

近世の百姓の家は、農業を家業とする家族・家産の緊密な統一体であり、家名を周囲に認知されて、地位を確保した。家産は、家財・家作・屋敷地・田畑などからなり、その所持が一体性をもって家族とつよいきずなでむすびつけられ、次代に相続された。質地請戻しで、屋敷付とか墓所付の耕地なので請戻したいと主張しているのは、屋敷・墓所という家の中核的要素と、一体不可分のものとして、耕地をとらえる家産意識をしめしているといえる。小百姓の家意識が形成されるのは、一七世紀中葉よりのことで、まず下人が自立したり、分家が創出されたりして、本家を中心に同族団が形成される。やがて各家が、それぞれ墓碑・仏壇などをもち先祖祭祀の単位となったり、屋敷神を祭ったりして、独自な歴史をもつ小世界を構成して、小百姓の家が成立する。したがって土地所持も、小百姓の家、それ自体で完結しているのではなく、同族団的かかわりにつつまれていた。質地でも、かつて同一の先祖の名請地であったという理由から、同族が請戻しを主張するばあいがあった。またこうした小百姓の相続が安定すると、家の通り名が生まれ、それを世襲する習慣も生じた。通り名は、その家族が村内で家としてみとめられた証《あかし》であり、それが家名であった。やがて小百姓の田畑・屋敷の相続は、単独相続となり家産として固定する。土地所持の家産化は、先祖より伝えられたもので、そのときどき当主が自由にできるものではないという意識をも生み出した（大藤修『近世農民と家・村・国家』吉川弘文館）。

村のもの

村のなかで、各家の家産が固定化すると、家数も定まってくるので、固定的な百姓株式が成立した。近世では土地は、それだけで耕作の対象としてはなりたたなかった。まず用水なしには、耕地であることはできない。また近世では山野から草を刈って肥料として田畑に投入したので、山野の入会《いりあい》に参加することが必要だった。

用水や入会は、村で所有・管理して配分したが、その参加権は百姓株式の重要な内容だった。したがって百姓の土地所持も、たんに名請地の所持というのではなく、株式所持としての性格をもっていたのである。それは村の共同体的所持の一部でもあった。それだけでなく村は、百姓のもつ耕地全体にたいして、共同体の所持をおよぼしていた（渡辺尚志「総論・村落史研究の新展開のために」、渡辺尚志編『新しい近世史』4、新人物往来社）。村は困窮すると村借り・郷借りと称する借金を村全体でした。そのさい近世後期などでは担保の土地は総面積を記載するだけで、返済できなければ金主（債権者）が好みの土地をとってよいとする証文もあり、村の共同体的所有が個別の百姓の所持をこえたところで、存在するということをしめしている。村は全体として、村の土地の保全につとめるので、質地が他村のものに流失することを嫌って、他村への質入れ・売買を規制することもよくみられた。無年季的質地請戻し慣行を村法としているのも、村の共同体的所有のあらわれといえるだろう。また百姓が潰《つぶ》れるなどして、荒れ地ができれば、村が各百姓にこれを配分して耕作させた。さらに土地売買も、初期では村が仲介することがみられたし、中期以降は村役人が公証機能をはたした。近世では、村は年貢請負の単位であったので、潰百姓の所持地などは荒れないように手配し、年貢の完納を期さねばならなかった。各百姓も、年貢請負の代償として、検地に名請され、所持をみとめられているのである。

公儀のもの

近世では、領主権力は給人・大名・幕府と重層するいっぽう、統合されて公儀を構成しているので、公儀の所有のもとに、百姓的所持もあるといってよい。そこで公儀もまた百姓的所持の維持につとめた。永代売禁止令などがこれにあたるが、延宝五年（一六七七）の伊勢の津藩のだした郷令では、「田畑においては公儀の物」であるとしたうえで、その「公田」を「私として」買取り、質取りして、百姓を取り倒す地主の高利貸しを禁止している（『宗国史』下巻）。近世では土地は、百姓のもの、村のもの、公儀のものという重層した所有のもとにあった（丹羽邦男「近世における山野河海の所有・支配と明治の変革」『日本の社会史』2、岩波書店）。またその内部には、百姓では家人のもの、同族のもの、村では小名・坪のもの、村むらのもの、公儀では給人のもの、大名のもの、将軍のもの、天皇のものなどという重層がそれぞれ対抗的にはらまれていた。

小百姓と質地

小百姓の名請と土地売買

信濃国佐久郡塩沢新田では、開発者の土豪百姓六川家がすべての新田を名請して、耕作にあたった百姓はその分付《ぶんづけ》とされていた。しかし寛文十年（一六七〇）の検地を機会に、新田百姓たちは、六川家に願い出て同家の手作り地一六五石の諸役諸掛かりを負担することを条件に、分付を免除されて、名請人となった。百姓からだされた一札によれば、名請人にならなければ、困窮したとき、耕作している田畑を質入れして、資金を調達することもできないため、六川家に訴えて、名請をみとめられたのである（大石慎三郎『江戸時代』中央公論社）。また武蔵国足立郡登戸村では、武士から土着した道祖土《さいど》氏が百姓をまねいて、開発をすすめたが、村をでる百姓がいたばあい、田畑は道祖土氏にかえしていくことが例であった。しかしその後、二代目の代には、百姓が村をでるさいに、自分で田畑を「ゆずり地」としていくことをゆるしたので、百姓は「ゆずり地」と称して、土地売買を自由におこなうようになったという。道祖土氏の認識では、もともと道祖土氏が預けた田畑で、「百姓わたくしに売買ならざる」ものを、百姓の便宜を考えて容認しているにすぎないので、百姓たちの証文に保証の印形をしないという（『鴻巣市史』資料編3）。初代は元和八年（一六二二）に、二代目は明暦四年（一六五八）に死去したというから、道祖土氏が百姓の土地売買を黙認するようになったのは、この間のことであった（根岸茂夫「近世前期武蔵における土豪層の家伝と家意識」『埼玉地方史』二二号）。小百姓にとって、検地帳の名請人となることは、ここでは所持地の売買を自由におこなうことができることと密接に関係していた。所持地の一部を売れば、当面の急場をしのぐことができる。没落の危険がつきまとうことはさけられないが、それでも妻子を売ったり、欠落《かけおち》などせずとも村で生活を維持し、再起をはかることも不可能ではない。所持地の売買が自らの経営の維持のために、必要なものとされ、そのためにこそ検地名請人となることがもとめられているのである。

とはいっても、近世初期の現実はきびしく、百姓の逃散《ちょうさん》・欠落はありふれたことだった。高率な年貢負担のため未進となると、水牢にいれられたり、妻子を人質にとられて、未進分を労働で返済させられた。土地を担保に証文を書き、米銭を調達して、年貢を納めてこれをしのぐのだが、結局返済できないまま逃散・欠落に追い込まれるのである。しかし高率年貢収奪は、領内の百姓を困窮させ年貢未進の大規模な累積と荒れ地の増加を生み出すので、限界にたっすると、領主も未進米金の破棄をせざるをえなかった。

近世初期の徳政と徳政文言

戦国大名の多くは、年貢米の蔵の管理を有力土豪や商人に請け負わせた。このため百姓の年貢未進分は蔵を預かったものが代納して、これを百姓に貸し付けることで処理したが、その利子は高利で百姓を苦しめた。戦国大名はしばしば徳政をだして、これを破棄することで、百姓の生活が破綻することをふせぎ、逃散した百姓の還住をはかろうとした（阿部浩一「戦国大名下の『蔵』の機能と展開」『史学雑誌』一〇三編六号）。近世初頭では未進年貢の処理は、これとあまりかわらなかった。加賀藩などでは、藩の年貢を預かる蔵宿が年貢未進分を村むらに高利で貸し付け、返済が滞ったばあい、藩の鉄砲衆をいれて取り立ててもよいという証文をとっている（坂井誠一『加賀藩改作法の研究』清文堂）。したがって戦国期とおなじように、近世初期でも年貢未進破棄など徳政的な政策がとられることはよくみられた。このため一七世紀末までは、土地証文には徳政があっても、この証文は徳政の対象としないという徳政回避の文言（徳政文言という）がはいるのが普通であった。とくに国替え・給人替わり・代官替わりなどの領主の交代のさいや、検地実施のさいの徳政文言が特徴的にみられる（寶月圭吾「信濃における近世初頭の徳政文言について」、日本古文書学会編『日本古文書学論集』13、吉川弘文館）。領主の交代（代替わり）、検地で年貢未進・借米金の破棄がおこなわれることが多かったからである。

このように近世初期では、戦国期と同様な徳政が構造的なものとなっていた。しかし一七世紀後半になると、各藩で百姓の成り立ちと、高率年貢の取り立てを調和させようとする改革が実施され、徳政構造の転換がはかられるようになる。

徳政構造の転換

伊予国風早郡中通村では、年貢の日常の算用は、庄屋が立て替えておこない、年度末に、小百姓をふくむ惣百姓の立会いで確認して、不足がでると庄屋よりの借米として処理していた。しかし寛文七年（一六六七）には、借米が累積したので、村中が庄屋に借米証文を書くことにした。そこで、庄屋は借米は、来年四割の利子をくわえて返済すること、「天下大法御徳政、またハ御国替え、御代替わり御座候」ともこの借米は破棄しないという徳政文言のはいった一札をとっている。同村の属する松山藩では、寛文五年（一六六五）に年貢未進米免除の処置をとっており、これが徳政と意識され、徳政を回避するために庄屋の要求で、この文言がいれられたと考えられる。しかし徳政文言にかかわらず、村中の頼みによる圧力で不足米の立て替えは継続され、潰れかけた百姓にたいしては元米が用捨されて、事実上の借銭破棄がおこなわれている（菅原憲二「近世伊予の村算用についての一考察」、愛媛大学『「社会科」学研究』一〇号）。

松山藩は大規模な年貢未進の破棄の後、延宝七年（一六七九）には春免制を採用して、年貢納入の安定化をはかる改革に着手する。春免とは、年貢を春のうちに決めておく制度で、秋に予想以上に収穫があっても、年貢として収奪されることがないのが百姓の利点で、土免《どめん》と称され各地で実施された（水本邦彦「松山藩〝春免制〟について」、愛媛大学『「社会科」学研究』一号）。領主側の説明では、春免が多少高くとも、百姓が農耕に励んで収穫をあげれば十分利益になるので、百姓の「くつろぎ」のためにもなるという（『愛媛県編年史』第七巻）。いっぽうこれと並行して、年貢の不均等を平均して、百姓全体に公平な負担を保障するために、「ならし」と称される制度を導入した。これは百姓の所持地を田畑の品位、用水の水掛かり、住居からの遠近などに不公平のないように組み合わせて、定期的に割り替える制度で、割地制度ともいわれて、西国などにひろく分布している。領主に主導された春免と「ならし」は、百姓の労働意欲と村の共同体的所有に、たくみに依拠しながら、年貢を最大限に引き出した制度であった。このような年貢収奪体制により、年貢未進の大規模な累積と百姓の疲弊・逃亡、そしてその解決のための未進米の破棄の必要性は低下してくる。村内でも、百姓の「くつろぎ」が確保され、未進が一定限度におさまるようになると、庄屋の年貢立替や未進者への貸し付けが安定して、近世をつうじて庄屋の重要な機能と位置づけられるようになった。このため徳政文言の必要性はなくなってきた。それは徳政が必要とされる状況が、克服されたことを意味したが、徳政の否定ではなく、徳政の内在化という筋道をとったといえる。戦国期のような徳政を必要とする状況を克服することで、徳政をおこなわなくとも年貢制度と村内金融が安定的に機能するようになったのである。

徳政から仁政へ

松山藩と同様な事例は、各地にみとめられる。加賀藩でおこなわれた改作法は、それまでの年貢未進を大幅に破棄して、百姓の土地売買を禁止し、これにかわり藩が、耕作の入用銀を低利で大規模に貸し付けたり、農事指導などを中心とした勧農政策を推進した。割地制度なども導入され、その効果で生産があがったことをふまえながら、村側から自主的に年貢増徴を申告させて、村の年貢高を定めた村御印を発行し、以後この年貢高で年貢をとることにした。百姓の願いをいれて入用銀を寛容に貸し付けたうえで、なお年貢未進をおこなうものは、公儀の資金を盗んだのも同前だとして、土地を取り上げ追い出すというきびしさではあるが、いっぽうで綿密に百姓の実状を調査して、年貢増徴の申し出にも慎重な態度をとっている。百姓が耕作に出精しつつも、「少しも気つまりニこれなく」ようにするのが理想とされた（坂井誠一『加賀藩改作法の研究』清文堂）。その後、藩は元禄六年（一六九三）切高仕法により、困窮した百姓の土地売買をみとめることにしたが、これは百姓経営の安定を背景に、藩の貸し付けを整理して、在地金融を百姓経営の維持に機能させるという意味をもったと考えられる。

加賀藩では、改作法の推進にあたった十村（大庄屋）たちの万治元年（一六五八）の談話の記録では、村御印をあたえられたうえは、村の田畑、野河原は「我がもの」であるので、耕作に出精して、開発もすすむと歓迎したという（丹羽邦男『土地問題の起源』平凡社）。百姓追い出し政策や割地制度がいっぽうでありながら、なお年貢額の固定は、百姓が土地を「我がもの」だと実感できるだけの効果をもたらしたといえるだろう。

長州藩でも寛永二十年（一六四三）よりはじまった土免制度について、それまで秋に検見をして年貢を取る方式では、百姓が過分の作徳をとることができず、「御役目作り」のようだったが、春に年貢を定める土免の採用により、百姓も出精し、公儀も勝手がよくなるようにかわったという（水本邦彦『近世の村社会と国家』東京大学出版会）。「苦労仕り候へは、農人勝手」になるということが、百姓と土地のむすびつきをつよめたといえるが、それは当面、「公儀ニも御勝手」よくなることと、矛盾しなかったのである。

百姓側にある程度、作徳をみとめ、耕作意欲を引き出しながら、年貢の収奪を安定化させていく方向は、検見がつづけられた幕府や東国地域でも、はやくから意識されていた。幕府の初期の代官頭であった、彦坂元正と伊奈忠次の年貢徴収法のちがいとして、彦坂は、検見によりその年の作柄に厳密にあわせて年貢を徴収したため、年貢収納の変動がはげしかったが、伊奈はゆるやかに年貢をとり、作柄による変動はすくなかったとされ、それが伊奈流という年貢徴収方式として後世、地方役人の手本として高く評価されている（「辻六郎左衛門上書」『日本経済大典』第一一巻）。実態はともかく、後の農政書でも検見のさいに、その年の収穫だけでなく、村柄・土地の善悪をよくみきわめて年貢をきめるべきで、目先の増徴は、結局百姓をいためて年貢減少につながると、きびしくいましめるのが一般となっていく（大石慎三郎校訂『地方凡例録』上巻、近藤出版）。検見のもとでも、百姓を「くたびれ」させるような年貢徴収はさけられるようになり、その安定化がはかられたのである。

こうした百姓の成り立ちと取り立てを調和して、近世的な支配体制を確立する政策は、幕藩領主が、政治理念として儒教による仁政思想を受容するなかですすめられた（深谷克己『百姓一揆の歴史的構造』校倉書房）。徳政は、仁政のなかに組み込まれることで、終焉をむかえたのである。

永代売から質地へ

徳政構造の克服とともに、この時期、土地売買証文の種類が永代売から質地へ変化しはじめた。近世初頭では、永代売証文が圧倒的であったのにたいして、質地証文があらわれてしだいにひろまった。永代売証文の売買は、幕府などの永代売禁止令にもかかわらず、ながくつづき、質地証文による売買が一般的になるのは一八世紀中葉以降であった。しかし一七世紀中葉から、質地証文の普及がはじまることも事実であった。その変化は、一般には永代売禁止令の浸透と説明される。しかし現実には、公儀がともかく永代売禁止令を励行しようとした段階では、ほとんどまもられず、むしろ永代売禁止令を励行することを事実上放棄した一八世紀中葉から、質地売買に移っていくのであるから、この説明は疑わしい。むしろ、永代売にふくまれていた請戻しの可能性がせまくなるとともに、請戻し可能な売買形式を明確化しようとする百姓側の動きが、質地証文の一般化を生み出したと考えるべきであろう。

いっぽう売買証文記載では、検地帳記載を基準とするように変化してきた。一七世紀中葉には、本券を証拠として添えることや手継ぎの習慣、徳政文言などがなくなり、文書の奥の部分に宛所を書くこと、検地帳と照合したことを確認する文言、口入れ人などが村役人などの近世村落の役人関係者となることなどが特徴となる（神谷智「中近世移行期における土地売買と村落」、渡辺尚志編『新しい近世史』4、新人物往来社）。検地帳との照合では、石高が証文に記載されるようになり、領主の検地によって確立された石高制が、各百姓の耕地にまで浸透していった（神谷智「近世初中期における質地証文と百姓高請地所持」『歴史学研究』六五五号）。また従属関係を特徴とする初期分付が検地帳にみえなくなり、かわって後期分付が証文や名寄帳・検地帳にあらわれるようになる（白川部達夫「近世後期の分付記載について」『古文書研究』一三号）。さらに近世初期にみられた検地帳と名寄帳との乖離《かいり》がなくなった。

在地徳政行為の終焉

質地と質地請戻し慣行の成立は、こうした百姓の動向の到達をしめすものであった。一七世紀中葉から一八世紀中葉にかけてが、その成立の過渡期にあたるが、この間は、土地取り戻しについても、在地徳政的行為と質地請戻し慣行成立への動きが並行してみられた。

この時期の在地徳政的行為のもっとも目立つ特徴は、自力による土地取り返しの動向であった。貞享三年（一六八六）武蔵国足立郡宿村のものが、隣村在家村のものを幕府に訴えた出入では、宿村のものが質地にとって、耕作していた耕地を在家村のものが、「一烈」して返金もしないで、「田地我儘におさへ、うないおこし」てしまったという。実力でおさえて、作入れ（耕作）をしてしまったのである（『浦和市史』第三巻）。貞享四年（一六八七）武蔵国賀美郡原村では、周辺三ヵ村に質地をいれていたが、やはり同様な作入れ行為をしている（『上里町史』資料編）。また宝永元年（一七〇四）越後国魚沼郡重地村では、三〇年前の売り渡し地を請戻したいと申し出たものが、買人からたしかな証文と証人があり、新検地で名請していることを理由に断わられると、麦を蒔入れていた畑を一枚打ち返した。買人側は、そのことを庄屋に申し入れても、らちが明かないと訴え出ている（『中里村史』資料編下巻）。庄屋は「不埒《ふらち》」だといいつつも、請戻し側の行動を黙認したことがうかがえる。検地名請によりながら、相互に所持を保障するような、村の所持体制がまだ確立せず、自力の作入れ行為が黙認されていたのである。享保六年（一七二一）、幕府の質流地禁止令を契機におきた、出羽長瀞騒動や越後頸城騒動でも、質入れ人が大勢で質地証文を取り返して、田植を強行した。幕府は、この法令で質地を流地することを禁止したが、請戻し手続きについてあいまいな部分があり、地域によっては、土地を取り戻してから、元金をかえせばよいと受けとめられて、百姓が取り戻し行動にでたのであるが、ここでも作入れがおこなわれている。こうした人の耕地を勝手に耕作したり、すでに植え付けている耕地に植え直すというのは、古代から中世に非法とされたシキマキ行為であった。作入れはシキマキにより、土地取り戻しを確認させようとした在地徳政的行為の一部であったといえる。

近世質地請戻し慣行の成立

いっぽうこれと並行して、質地請戻し慣行が展開するようになる。寛文十一年（一六七一）に陸奥国会津郡界村では、飢饉で潰百姓が多くできたため、その田地を田地不足のものに、一軒前につき金一両で質地にいれたことにして配分し、潰百姓の再興のときに「本主」に請戻させることにした。それまで同村では、田地を金子をだして貸し借りすることはなく、飢饉直後は肝煎《きもいり》が百姓に潰れ地を配分していたが、この年より惣百姓の相談で、このようにあらためたといい、以後、土地売買は惣百姓に断わってすることをきめている（『南郷村史』第二巻）。ここでは惣百姓の村運営の主導権が増したことを背景に、潰百姓持ち地を質地の形式で配分したことで、村内土地金融が開始された。また潰百姓は、一軒前の株式として確立しており、それが請戻しの本主として、惣百姓によって合意されている。近世的な請戻しが、村議定で確認できるもっともはやいものである。その後、正徳二年（一七一二）美濃国方県郡洞村では、一四年前に五年季でいれた質地の請戻しをもとめた質入れ主が、流地となっていると断わられると、村内では質流地となる田地はないと訴え出ている（『岐阜市史』史料編近世2）。同村の慣行として、流地はないということが、出訴のよりどころとなっているのである。また享保十八年（一七三三）の相模国高座郡羽鳥村では、一八年前の質地の請戻し出入がおきたが、村役人の扱いで、本金で請戻させることにして、自分で耕作すること、ほかに売らずに、金子《きんす》が必要なときは、請戻しにおうじてくれたものに売ることを約束した一札をださせた。さらにほかの百姓の出入もこれに準じて取り扱うとしており、このあつかいは村法的な位置をしめた（『藤沢市史』第二巻）。さらに元文四年（一七三九）越後国魚沼郡二子村では、田畑がすくないという理由から、前より永代売・流地はなかったが、近年みだれたとして、何年季の質地でも流地としないで、金子ができしだい請戻させることとするという和談証文が作成された（『十日町市史』資料編4）。こうしてこの時期以降になると、無年季的質地請戻し慣行やこれにもとづく請戻し要求は普通にみとめられるようになった。

以上のことから、おおむね一八世紀前半には、近世質地請戻し慣行が、村レベルで形成されてきたことがあきらかになろう。ここでは請戻しは自力のシキマキなどによる占拠ではなく、慣行の主張による訴訟・内済として処理されるものであり、村内で請戻しが保障される段階にはいっていた。シキマキ行為は決してなくならないが、請戻し慣行の安定のなかで目立たなくなる。質地請戻し慣行が破綻するのは一九世紀にはいってからで、その段階で世直し騒動となって、ふたたび自力の行使があらわれることになるのである。

人と人のきずな

頼み証文

頼み証文ということ

人と人

人と土地とのむすびつきは、土地をめぐる人と人の関係にほかならなかった。したがって、人と土地とのむすびつきの変革は、人と人のきずなの変革をも意味した。見方をかえるならば、人と人のきずなの変革こそが、近世の人と土地の関係の変化をもたらしたといってもよい。近世の百姓の共同性やその創り出す世界を考えるばあい、生産の基盤である土地所有から問題にはいることも大切であるが、もういっぽうで人と人のきずなのあり方からはいることも重要である（二宮宏之編『結びあうかたち』山川出版社）。人と人、人と土地の関係は、それぞれ独自の領域をもちながら、相互に規定的な関係をもっているのである。

頼み証文の位置

頼み証文とは、近世の百姓が独自に生み出した委任・依頼文書であった。頼み証文は、村のなかで、名主・庄屋や訴訟の惣代を頼むことを証文とすることからはじまり、地域の代表に惣代業務や訴訟の遂行を委任する、代表委任の文書などに使用されるようになった。頼み証文は、頼み頼まれるという人と人の生身のかかわり方が、証文として対象化されてあらわれたもので、さらにそれが代表委任という近代代議制の前提となる委任関係をむすぶ文書となるという経過をへて発展した。

近代の自由民権運動では、国会開設の請願運動がおこなわれたが、そのさい請願惣代人は一三万人におよぶ人びとの委任状をたずさえて、国会の開設を天皇に請願した。この請願運動では委任状が使用されたが、こうした大規模な代表委任をともなう民衆運動の様式は、すでに近世後期に頼み証文の形成として成熟していたものであった。大坂周辺の百姓は、近世後期に問屋商人の菜種・木綿の購入独占と、これを利用した買いたたきに反対して、自由販売をもとめる訴訟運動をおこした。摂津・河内・和泉の国ぐにの一〇〇〇ヵ村をこえる村むらが団結して、訴訟をおこしたので国訴と称している。この国訴では、頼み証文で惣代を頼んで訴訟をおこなった（藪田貫『国訴と百姓一揆の研究』校倉書房）。

いっぽう頼み頼まれるという、人と人とが直接にむすびあうなきずなに視点をおくならば、それは日本社会の古層にまでおよぶひろがりをもつものであった。第二次世界大戦直後にきて、農地改革などの社会分析をおこなったイギリスの日本学者R・P・ドーアによれば、頼むという言葉は、英語に直訳できるものはなく、ask（願う）とrely on（たよる）の中間ぐらいの意味で、「自分自身を他人の手に委ねることを意味している」という。ドーアは、頼むことからくる負い目と、頼んだ相手への従属をするどく読みとっている（R・P・ドーア、青井和夫ほか訳『都市の日本人』岩波書店）。結婚の仲人を頼む、頼まれるということも、回避されるようになった現代では、頼むことの負い目ということは、だんだんに理解しにくくなっているのであろう。しかしドーアの時代の日本には、それがまだ従属関係をともなう日本的な社会的結合を意味するものとして存在していたのである。中世では、主人のことを「頼うだ人」（「粟田口」日本古典文学大系42『狂言集』上、岩波書店）などといった。武家の主従制は、人と人の頼み頼まれるきずなを媒介に発展したのである。こうしたきずなのあり方が、近世にはいってから、村のなかで大きく変化したことが、頼み証文の成立の背後にあった。ここではこの頼み証文の成立・展開をつうじて、近世百姓のむすびあうきずなを考えてみたい。

頼み証文の一例

頼み証文は、百姓たちの日常の生活のなかから必要におうじて生み出され、文書として様式が確立されたものである。したがってそれは、かならずしもととのっているわけではないが、一八世紀中葉以降は、頼み証文という文書が存在するということは、人びとの共通の認識となっている。その一例をしめしておこう。

相渡シ申す頼証文の事

一この度淀橋《たびよどばし》長《なが》拾間横弐間壱ケ所、同小橋弐間ニ弐間壱ケ所、合弐ケ所御懸《か》け替《か》え御普請《ごふしん》御座候、然《しか》る所拙者《せつしや》ども村々先年より組合ニて、人足かつまた諸色《しよしき》など差し出シ申し候、この度も承知いたし申し候所、私ども村方は遠方ニ御座候間、貴殿儀を相頼み申し候ニ付、高割ニて人足など御出シ下さるべく候、もっとも賃銭の儀は壱人ニ付百文宛の賃銭にて、人足など御出し下さるべく候、頼み入り申し候、賃銭の儀は追て員数次第何程ニても差し出し申すべく候、何分ニも貴殿方ニて賃銭人足ニて御出し下さるべく候、頼み入り申し候、もし賃銭滞り申し候ハヽ、この証文ヲ以て何方までも御願いなさるべく候、その節一言の儀申す間敷く候、後日のため頼証文よってくだんのごとし、

宝暦十年辰十一月　　　　多摩郡田無村

名主　市郎左衛門㊞
同　長兵衛㊞
年寄　半兵衛㊞
百姓代　権左衛門㊞
（以下、八ヵ村省略）

これは、宝暦十年（一七六〇）江戸新宿の淀橋掛け替えの人足負担を命じられた田無・所沢などの村むら九ヵ村から、中野村の名主へ宛てた頼み証文である（『田無市史』第一巻）。内容は淀橋から遠い位置にある田無村などが、中野村の名主に賃銭で人足を雇ってだしてくれるように頼んだものである。中野村は、淀橋に近かったことと、この村の名主が有力者で、なにかにつけて近隣の村の惣代をつとめていたために、今回も世話を頼まれて、こうした文書が作成されたと考えられる。宛て所はないが、本文中に「貴殿」とあり、頼む相手に宛てられた文書であることがはっきりしている。また大事なのは、この文書が「頼証文」というものであることが、文書を書いた当人たちに、はっきりと認識されていることである。文書の冒頭の「相渡シ申す頼証文の事」の部分を事書《ことがき》と称するが、ここと最後の書止め部分に「後日のため頼証文よつてくだんのごとし」とあるのがそれである。

この文書は頼み証文という名称のあらわれる比較的はやい例の一つである。

頼み証文の定義

このように事書ないし書止め部分に、「相頼み申す一札の事」とか「頼み一札」「頼証文」などの文言がみられる形式は、このころより一般化したものであった。頼みを文書としてあらわすことが、繰り返しおこなわれるようになり、文書が頼み証文であるという認識が生まれ、様式が整備される。こうして頼み証文が確立するのであるが、この文書は確立した頼み証文の様式をしめしている。頼み証文の文書様式を定義することはむずかしいが、とりあえず、①なんらかの頼みを確認することを主たる目的として作成された文書であること、②頼むもの（差し出し）と頼まれるもの（受け取り、宛て所）が明示されていること、③証文であること（依頼の書状、願書ではない）、④頼み証文・頼一札・頼書・頼み状など文書そのものに明示があること、⑤堅め状・定め証文・議定書などのほかの文書様式で把握できないこと、などの条件をみたすことが要件といえる。

定め証文

訴訟などに代表を選出して、訴訟の遂行を委任するには、頼み証文のほかに、定め証文、極め（究め）証文などという文書を作成することがひろくおこなわれたことも注意したい。定め証文は、訴訟を頼むのではなく、訴訟を遂行するために訴訟人の結束と役割の分担を定めるための文書という性格があり、じっさい訴訟に出向く惣代もこれに同列に署名することが普通であった。惣代として出訴するものは、署名者より順番にでることになっていたり、籤《くじ》で選出されることが多いのが特徴である。上方・北陸に確認される文書様式であった。頼み証文が、どちらかというと東国の家父長的な縦型の社会的結合のなかから発達したのにたいして、定め証文の秩序は惣村的な横並び型の社会的結合を前提にしている。もちろん東国でも頼み証文とともに、定め証文や究め証文とおなじ意義をもつ議定書・起請文などの文書を作成することも、はやくからみられる。したがって二つの文書を東国型・上方型と決めつけるのは、適切ではない。人びとは、訴訟とそのための組織を組み立てるさいに、その縦と横の関係、委任（依存）と連帯の関係を整理する必要があり、それが二つの文書様式となってあらわされる。東国でも上方でも、一つの訴訟に惣代をだすための文書と、結束をかためるための文書の二つが作成されることがよくみられる。頼み証文と定め証文は、そのなかでの力点のおきかたのちがいなのである。もちろん定め証文にも、人びとの日常のきずなのあり方が、反映されており、これまた古くまでさかのぼる日本の社会的結合の様式の一つであった。この点でも、頼み証文を検討するときに、定め証文を視野においておくことがきわめて重要なことなのである。

頼み証文と定め証文

頼み証文のはじまり

人びとは古くから、頼み頼まれるきずなをむすんではいても、証文にあらわすことはしなかった。それが一七世紀中葉になると、頼みを証文としたものがあらわれるようになる（白川部達夫「近世の百姓結合と社会意識」『日本史研究』三九二号）。信濃国高井郡壁田村では、寛永十七年（一六四〇）に百姓七名が庄屋を頼んで、つぎのような頼み証文を差し出している（『信濃史料』補巻）。

指し上げ申す一札の事

我らども、先の地頭の代ニも庄屋ニ頼み申し上げ候へども、御国替えの時より中頃、作左衛門方へつき申し候へども、えんこそ御座なく候や、今より後は新左衛門殿を庄

屋ニ頼み申し度存《たく》じたてまつり候間、組中御入れ下さるべく候

寛永拾七年辰三月四日

壁田村　源左衛門 ㊞

（他六名省略）

新左衛門殿

善拾郎殿

壁田村では、作左衛門と新左衛門の二名の庄屋がいた。最初は作左衛門が一人で庄屋をつとめていたが、元和七年（一六二一）検地の帳面を百姓にみせず、年貢の不正をおこなっていたとして新左衛門らの百姓が追及したため、新左衛門を庄屋として二人庄屋制をとっていた。その後、寛永元年（一六二四）になって、領主の交代があったが、そのさい新左衛門の新領主にたいする対応に不満をもつものが、作左衛門の組下となった。同年の訴状で新左衛門は、自分は庄屋をのぞんだわけではないのに、起請文までして庄屋にしておいて、「御百姓りやく（利益）」にならないといって、作左衛門方へついてしまったと訴えている（『長野県史』近世史料編第八巻1）。そしてこの年になって、作左衛門組下となっていた七名の百姓が、再び新左衛門を庄屋として頼むことになり、この証文を差し出したのである。

寛永十七年（一六四〇）には、じつはこの頼み証文のほかに、三月吉日付けの「組定め申す事」という事書の文書が作成されている（『信濃史料』補巻）。これでは「弐間分　善衛門（黒印）」など百姓八名の連名があり、最後に「右百姓、今より後は、庄やニたのミ申す方、後日のため手形よつて、くだんのごとし」とある。「弐間分」というのは家の軒数で、これにより負担すべき夫役数などを定めた。したがってこの文書は、新左衛門の組にはいったものと、その夫役負担を確認したもので、事書の趣旨を生かせば、組定め状とでもいうべきものである。頼み文言はあるが、それが文書作成の主たる目的ではなく、組と夫役数を確認することが目的の文書だからである。おそらくこの組定め状があるために、先の一札は庄屋を頼むことだけを主題とすればよかったと推測される。両者には署名者に若干ずれがあり、作成日の前後もあきらかではない。したがって二つの文書の関係を厳密に確定することはできないが、通常ならば組定め状だけでも問題の処理に十分役割をはたすのに、あえてべつに庄屋を頼むことを確認するためだけに一札が作成されたのは、起請文までして庄屋におされて、裏切られた新左衛門の要求があったとみるべきだろう。またその背後には、「御百姓りやく（利益）」になる庄屋をもとめて、去就の定まらないものたちの動向があったのである。

名主・庄屋・肝煎《きもいり》などの村役人は、在地の有力者を領主が任命することから、はじまった。しかし百姓たちは、その成長にしたがって、名主などを自らの代表としてとらえていこうとした。壁田村の百姓の「りやく（利益）」になる名主をもとめる行動とは、まさにそのあらわれだったのである。その結果、名主などの不正を追及する村方騒動がおきたり、名主が複数おかれて、それぞれが自分の所属する村役人を頼まねばならないという事態が発生した。

村と頼み証文

寛永五年（一六二八）、信濃国筑摩郡青柳村では、村方騒動の結果、新旧二名の肝煎がおかれることになったが、そこでは「理右衛門殿をきもいりニ頼み申し候所、実正なり」とそれぞれが、肝煎を頼むことを確認している（『長野県史』近世史料編第五巻2）。この文書は、騒動の仲裁人に宛てられたもので、頼み証文ではなく仲裁の請け状であるが、ほとんど頼み証文に近い内容をそなえている。また明暦二年（一六五六）の下野国都賀郡下国府塚村では、百姓一四名が「貴様へ様々訴訟申し、名主ニ頼み入り申し候」と手形を差し出して、二人の名主のいっぽうから他方へ組み替えがみとめられている（『小山市史』史料編・近世I）。さらに寛文二年（一六六二）に越後国蒲原郡鴻巣村では、二人の肝煎のいっぽうの組が不当に年貢を割りかけられたとして訴えることになり、訴訟にでる肝煎に組頭・惣百姓が車連判《くるまれんぱん》を書いてわたしている。

その最後の部分は「代官様所ニて済み申さず候ハバ、長岡までも御上り、前々のことくニまかりなり候様ニ、御わひ事頼み入れ申し候、後日のため連判仕り申し候、よつてくだんのごとし」とあり、頼み証文といってよい（『新潟県史』資料編8）。車連判とは署名者が丸く円状に連判するもので、中世の一揆起請文に好んでつかわれた。しかし近世初期から中期にかけて、神仏にかけて誓約する起請文はしだいにつかわれなくなる。この証文にも車連判はあるが、起請文言はなくなって、頼み証文としての性格がつよくあらわれている。

一七世紀末になると小百姓の台頭で、名主をつとめてきた古くからの家柄ものが衰えて、あたらしい百姓から名主が選出されることもおきた。信濃国伊那郡前沢村では、元禄二年（一六八九）に旧来の名主をふくむ九名の百姓で、名主を年番でつとめることになった。このさい年番におされた八名は、旧来の名主にたいして、頼み証文をだして、年番となってもこれまでどおり検地帳や書き付け類など村の公文書を預かることと、役人の泊まりや休息所を提供することを頼んでいる。年番八名は名主におされたものの、小百姓で役人を泊めるほどの家屋に住んでいなかったため、これまで名主をつとめたものに頼まざるをえなかったのである（『長野県史』近世史料編第四巻1）。また元禄三年（一六九〇）信濃国佐久郡下海瀬村では、それまで四名の草分け的な百姓が年番で名主をつとめていたものを、小百姓の入れ札であらたに名主を選出して、五年交代制とした。このさい頼み証文が作成されて、百姓が名主の指名におうじて、公用を滞りなくはたすことや、名主給の支給などが約束された（国文学研究資料館史料館編『近世の村・家・人』名著出版）。前章でのべた孫十郎（五五ページ）は、このとき年番名主をつとめる四名の一人だった主人の意向にそむいて、小百姓方に荷担して、頼み証文に署名していた。その直後、孫十郎は病死したため、村中の要請にも旧主人は分付をはずすことに難色をしめしたが、結局みとめざるをえなかったのである。

詫びの頼み証文

いっぽうこれまでの村役人や訴願惣代の委任とはことなる頼み証文もある。遠江国周智郡砂川村では延宝四年（一六七六）に村方騒動がおき訴訟となったが、訴訟方が不利となった。そこで訴訟方一〇名の百姓が、能切村のものへ「御公儀様へ御詫言なされ下さるべく候、ひとへに頼み入り申し候、後日のため、よってくだんのごとし」と、公儀へ詫びをいれることを頼んでいる（『春野町史』資料編二）。これは委任というより、依頼というべきであろうが、近世後期には、しばしば依頼型の証文も頼み証文と称されている。業務・訴訟の遂行の委任と生活上のさまざまな依頼が明確に区別されていないのが、近世の頼み証文の特徴とすれば、こうした文書も頼み証文の範囲におさめておくべきだろう。ただ詫び状のばあい、仲介人を頼んで詫びた事実を記載することが、古くから定式化されており、砂川村のように、とくべつに詫びの頼みのためだけに証文を作成することはすくなかった。

訴願惣代と頼み証文

一七世紀末から一八世紀はじめには、村の確立にともない山野争論や用水争論、百姓一揆などが多くなり、その惣代などにも頼み証文がわたされるようになる。

宝永六年（一七〇九）の水戸藩宝永一揆は成立期の百姓一揆を代表するもので、最終的にはおよそ三〇〇〇名におよぶ百姓が江戸の藩主へ直訴し、ついに新法を撤回させた。この出訴にあたって、村むらでは惣代につぎのような頼み証文をわたしている（『弁姦録』）。

相定め申す神文連判の事

一この度《たび》御公儀様へ願いこれあり候ニ付、村々江戸へ相詰め御訴訟申し候ニ付、当村ニテ貴殿達タノミ登せ申し候、江戸道中などノ入目ハ申すニおよばす、跡ニテ諸田地など仕付申す義、相残る我々何分ニモいたしおき申すべく候、願い相叶い申し候ニ付、相叶い申さず候とも、諸事相定ノ通リ、皆々異乱申す間敷く、もつとも御公儀ヨリ何分ノ曲事《くせごと》ニ仰せ付けられ候とも、相残る者トモ一同ニ相談仕るべく候、

よつて連判くだんのごとし

宝永六年丑正月　　　　田崎村　惣百姓神文連判

事書は、神文連判となっており、やはり起請文の様式をとっているが、神仏への起請文言はなく、内容は頼み証文である。一揆では、田崎村にかぎらず、各村でこのような頼み証文が作成され、惣代にわたされたという（林基「『御改革訴訟』考」、野原四郎ほか編『近代日本における歴史学の発達』上、青木書店）。ここではまず頼んだ事実が、頼まれたものと頼んだものの間で、確認される。そのうえで、頼んだ側のはたすべき義務として、訴訟費用の分担、残された家族や田地の世話が約束され、訴訟がかなわなかったときの惣代の免責が保証されている。百姓一揆にかぎらず、入会や用水の争論以下の訴願でも、このような内容の頼み証文がとりかわされることが多くなった。

代表適格性　訴願惣代には、まずなにより自分の惣代としての適格性を証明するものとして、頼み証文が役に立った。百姓一揆のばあい、ことにこれは深刻であった。同じ宝永六年（一七〇九）に旗本安藤出雲守の上野国群馬郡総社領一〇ヵ村惣代二八名が、その苛政を幕府に訴えた。これにたいし安藤家では、村むらから訴訟にはくわわっていないという一札を取り立てて対抗しようとしている（『前橋市史』第六巻）。ここでは領主側は、村むらから一札をとって、公儀に訴訟にきた惣代の代表適格性を失わせて、一揆を解体させてしまうという手段をとったのである。こうした切り崩し工作に対抗するためにも、惣代は村むらから頼み証文をとって、自らの代表適格性を確保しておく必要があった。また訴願惣代のばあい、処罰の保障と費用負担を約束しておくことも大事であった。百姓一揆などでは、きびしい処罰が予想されるので、そのさいの保障を定めておくことが重要だった。ただ頼み証文は、惣代の証明として、当初よりほかにしめされる可能性(開示性)が高かったから、頭取が処罰されたさいの保障など公表をはばかることがらは、はっきり書かないことが普通だった。必要なばあい、べつに起請文などが作成され、ひそかに所持された。神前に籠めることがおこなわれた起請文の秘匿性にたいして、頼み証文の開示性は、その特徴の一つであった。

費用負担

入会《いりあい》や用水争論のばあい、処罰の保障の必要性は、百姓一揆ほど高くなく、費用負担が大きな問題であった。当時の訴訟は、時間がかかり、江戸出訴などとなると、滞在費のほかに要路への陳情工作など莫大な費用となったうえ、勝訴するとはかぎらなかった。したがって惣代は、後日のために、村中からどのような費用がかかっても負担するという一札をとっておく必要があった。また村中としても、そうしたつよい決意をしめすことで、出訴へむけて結束をかため、村役人などに惣代となるようにせまったり、保障したりするという意味があった。元禄二年（一六八九）よりの常陸国筑波郡太田・小田両村の入会争論で、太田村は頼み証文で、費用と使いなどの労力をだすとしたうえで、これにそむいたものは、末代まで村におかないので、「御情けを限りニ頼み入り申し候」と惣代に頼んでいる（白川部達夫『日本近世の村と百姓的世界』校倉書房）。また正徳元年（一七一一）の陸奥国田村郡滝村では、費用はいくらかかっても田畑家屋敷はいうにおよばず、子供を質物にいれてもだすので、どこまでも出訴してほしいとしている（『福島県史』一〇下）。

訴願と頼もしきもの

いっぽう訴願惣代が頼み証文を必要とした背後には、名主など村役人の頼み証文の成立と同様な、村の構造的な変化があった。村役人の頼み証文は、小百姓の台頭により、従来土豪百姓により掌握されていた村秩序が動揺したことを背景に、村役人と惣百姓がその委任関係を再編成・確認するために作成された。訴願惣代のばあいもおなじであった。それまでの訴訟では、訴願惣代となるのは、訴訟の知識や経験をもつ土豪百姓であり、かれらはときには、村の頼みを引き受けて、無償で訴訟を遂行した。寛文三年（一六六三）、近江国伊香郡柳瀬村の侍分百姓は、村から「断り」がたつような「申し分け」のできるものが一人もいないと頼まれて、江戸に二度出向き、ついに中世以来の山論に勝利したが、この間、訴訟の費用は田地を売り払って一人でまかなったという。村では、その謝礼を申し出たが、止められたので、永代諸役免除の特権をあたえている（『余呉町誌』資料編下巻）。人びとがはたせない頼みを引き受ける頼もしい存在であることは、土豪百姓の社会的権力の重要なよりどころであった。したがってかれらはときには、自らすすんで、こうした行動をとったし、村はその社会的機能に依存する側面が大きかったのである。しかし一七世紀末になると、惣代としておされるものは、土豪百姓の系譜を引く有力百姓であっても、もはや訴訟費用を負担するだけの経済力がないばあいが多く、証文をとらずに円滑な費用徴収ができるかどうか不安があった。訴訟が敗れたことを契機に村役人の権威が失墜して、村方騒動がおきることはよくみられた。まして訴願惣代が小百姓からだされるばあいは、費用の立て替えさえおぼつかなかった。そこで頼み、頼まれるという関係を証文としてあらわし、相互の責任をあきらかにしておくということが必要になった。それが頼み証文の成立となってあらわれたのであった。

上方の争論と褒美

訴訟にあたっては、惣代を頼むということが重要であったが、それ以外に、村では結束をかためて訴訟費用を円滑に醵出したり、惣代が訴訟に専念できるように、耕作や処罰の保障、成功報酬などを定めておく必要があった。そこで頼み証文とはべつに、定め・定書・極め一札などの証文が作成された。中世以来、山野や用水をめぐる村むらの対立がはげしかった上方地域では、そうした文書は、とくにはやくから発達し、このなかから定め証文というべき独特の文書様式を生み出した。

上方のばあい、中世より小百姓の台頭がみられ、そのもとに惣村が成立した。ここでは小百姓も訴訟にでることが多く、その保障と報酬が問題となった。訴訟に勝利するためには、領主の法廷で「断り（理り）」をのべる知識と才能が必要だったが、上方では、小百姓のなかにもそうした社会的力量が蓄積されていた。「口きき」とは、中世では、はやくよどみなくしゃべるもの、という意味があり、訴訟のたくみなこととおなじ意味につかわれた。狂言の「横座」という曲では、博労《ばくろう》が「口をきく者」であるがゆえに、寄合で尊重されて上座についたという話がある（日本古典文学大系43『狂言集』下、岩波書店）。一七世紀末に河内の村の生活を記録した『河内屋可正旧記』（清文堂）でも、大和吉野山の山論で、江戸まででるはずのない「ワキ〳〵ノヤセ商人」が、よく「物ヲ云タリシ」ゆえに、頼まれて大将分の名目で出訴して、磔《はりつけ》になってしまったことが記録されている。こうしたものには当然、ことの成否にかかわらず、なんらかの報奨があたえられた。中世の惣村では、村のためにはたらいたものに、褒美をあたえることはひろくおこなわれていた。近江国蒲生郡蛇溝村の寛永二年（一六二五）の「蛇溝村惣中置目の事」では、他郷との出入りで、卑怯な振る舞いが目に余るものは村をはずすとしたうえで、不慮のことで死んだものにたいしては、残されたもの一代は無役として、べつに褒美米二石をあたえるとしている（『八日市市史』第六巻）。ここでは村と村が武力であらそう合戦争論が想定され、それを前提に村の褒美が定められており、中世末から近世初期の上方の争論がいかにはげしいものだったかをうかがうことができる。

究めの覚

蛇溝村置目は、争論のさいの村人がまもるべき一般的な規定であるが、具体的に争論となり訴訟に惣代をだすことになると、べつに文書が必要となる。近江国神崎郡佐目村では、元和六年（一六二〇）の山論にあたって、

究めの覚

今度甲津畑と山の公事《くじ》ニ、御奉行衆への御前へ出られ、公事なさる衆ニ、この公事の入目《いりめ》少しもかけ申すましく候、則ち孫左衛門・又衛門・まへおこ衛門・助兵衛この四人をたのミ申し候間、この衆ニかけましく候、もしまたこの儀鉄火ニまかりなり、とり申され候人ニ、諸公事弐代ゆるし申すべく候、自然とりそこなわれ候とも、右の通

りニちかいなく、一切ニかけ申す間敷く候、よつて後日の状くだんのごとし

元和六年五月廿七日

佐目惣中

長衆　新　助（略押）

新五郎㊞

中ろ衆　小大郎（略押）

源二郎（花押）

若衆　介三郎㊞

又　市（花押）

という文書を作成している（原田敏丸「近世の近江における林野の境界争論と鉄火裁判」、徳川林政史研究所『研究紀要』一九七一年）。ここでは惣の長衆《おとなしゅう》・中老・若衆六名が、公事（訴訟）を頼んだ四名にその費用はかけない、かりに焼けた鉄の棒をとり火傷の程度で判決を下す鉄火取りとなったばあい、鉄火をとるものに二代公事（夫役）を免除すると定めている。惣村では、このような掟・定め・究め（極め）という形式で、訴訟の惣代への保障が決められることが多かった。

定め証文の様式

こうした伝統をうけて、一七世紀末には、定め一札、究め証文（極め証文）といった文書が作成された。延宝五年（一六七七）、山城国相楽郡下狛村では、

定め一札の事

一今度《このたび》、普賢寺村大分ニ公事いたし懸けられ候ニ付、日用の義ハ先々より相極めの通り京升三升ツヽ、酒ハ銘々のきんちやく銭、大将分ハ四郎兵衛・勘四良・新兵衛三人、またその次ニ新太良・新四良・文右衛門・清兵衛この四人、さて次ぎ〳〵ハ相残り見立て次第、もし御公儀様やうす存ぜす候間、唯（誰ヵ）人ニても籠者仕り候とも、その刻、急度《きつと》惣賄《そうまかな》いニ仕るべく候、何様の入用御座候とも、御公儀のかれさる入用ハ急度賄い仕るべく候、よつて後日のため証文くだんのごとし

延宝五年
巳ノ後ノ十二月廿二日

高木伊勢守様庄や
四郎兵衛㊞
同　半兵衛㊞
同　勘四良㊞
野々山新三様庄や

新四良㊞
同　清兵衛㊞
同　文右衛門㊞
（以下、庄屋一四名省略）

という定め一札を作成している（『精華町史』史料編II）。ここでは、各知行地の庄屋のなかから順番で、訴訟にでるものがきめられ、日当などを定めている。頼み証文は、原則として頼まれるものに宛てられるという性格があるので、頼まれたものは連印にはくわわらないが、ここでは第一回の大将に指名されたものたちをふくめて、署名連印がおこなわれているのが特徴である。もちろん宛所はない。定め書・議定書などの様式のほうに近い文書であるが、こうした形式のものが、畿内・北陸にはしばしばみることができる。

上方・北陸の定め証文

延宝二年（一六七四）、能登国鳳至《ふげし》郡寺山村では、山論で訴えることになり、一札を作成した。そこでは「御奉行所様え肝煎・組合頭・年寄役ニ御断り仰せあげられ下さるべく候、そのため私ども書付連判仕出し申し候、以上」と肝煎以下に奉行所に訴えてほしいとしていながら、宛所はなく、肝煎・組合頭も百姓とともに連印している（『七尾市史』資料編第三巻）。また元禄四年（一六九一）近江国伊香郡片岡村四ヵ村では、山論にあたり四ヵ村からえらばれた証人仲間一五名が、公儀へ訴訟をすることを定めた「山の事ニ付片岡村勝人中間定状の事」という文書に署名している。この一件では、べつに四ヵ村の惣百姓が「惣公事の義に候得ハ、庄屋・年寄・外百姓と言いしやべつなく、何ものニても相談の上、何方の御評定場へもまかり出るべく事」と「余呉庄上の郷四ケ村相極め申す一札の事」という文書を作成して、車連判しているが、このなかに証人たちも連判している（『余呉町誌』資料編下巻）。文書では、前者を「究状」、後者を「かため状」といっている。さらに元禄七年（一六九四）越前国南条郡向新保村の地境争論では、二名のものを江戸に訴訟に派遣することをきめた「村中相究め申す証文の事」という事書の文書を作成している。ここでは「江戸遣い雑用銀ハ久兵衛並ニその方へ相渡シ申すべく候」と、江戸出訴のものへ宛てて雑用銀の保証をするなどしている。この点で頼み証文としてもよいが、いっぽうで宛所はなく、江戸出訴人の一人久兵衛も連印しているなど、究め一札的な性格もつよい（『福井県史』資料編6）。いずれも不十分な部分もあるが、訴訟体制の形成にあたって、訴願惣代と村中とのあいだの頼み頼まれる関係が明確にあらわれず、惣代をふくめた村中全体が訴訟を担うという性格が強調されているといえる。東国でも、頼み証文のほかに、細部の保証や結束をかためるために、村中の議定書、極め証文などが作成されることはよくみられる。どの地域でも、訴訟体制の形成にあたって、委任（依存）と連帯の関係を整理しておく必要があり、それにそって二種類のべつの文書が作成されることはありえた。したがってそれは、力点のちがいなのではあるが、それにしても上方では、惣代をふくめた村中全体が訴訟を担うという性格がつよいために、委任（依存）型の証文にならないで、連帯型の証文になる傾向がつよかったといえる。それが定め証文であった。このため上方地域では近世後期まで、頼み証文が十分な発達をみなかった。それは地域での日常的な人と人のきずなのあり方を反映していたのである。

頼みと見継ぎ

主従制の展開と頼み

「たのみ」あるいは「たのむ」という言葉は、『万葉集』にもあらわれる古語で、現在まで、ひろく使用されている（以下、白川部達夫「民衆の社会的結合と規範意識」、岩田浩太郎編『新しい近世史』5、新人物往来社）。この「たのむ」という言葉が、その状態を直接的にいいあらわすだけでなく、一つの規範や秩序形成の要因としての性格をつよくおびて使用されたのは、中世にはいってからであったらしい。中世にはいると、富勢のある主人を「たのみまいらせて」従者になるということが、ひろくおこなわれるようになった。こうして古代の国家と共同体の解体のなかで、富勢のものは、周囲の農民を従者に組み込んで成長していった。初期には主人の富勢がかたむけば、従者はたちまち四散してしまうということが普通だったが（戸田芳実『日本中世の民衆と領主』校倉書房）、頼み頼まれることによる主従の紐帯《ちゅうたい》が数代つづけば、そこに相伝の関係が生まれた。武家では、「東八か国の侍、八幡殿（源義家）を主とたのまぬ者やはありし、その子にてましませば入道殿（源為義）も我等が主、その子にておはせばこそ頭殿（源義朝）も主なれ」（「保元物語」、日本古典文学大系31『保元物語・平治物語』岩波書店）というように、棟梁《とうりょう》の家筋を生み出す契機になった。やがて武家では、「弓矢取ル身ノ習、人ニ憑《たのま》レテ叶ハジト云事ヤアルベキ」（日本古典文学大系36『太平記』三、岩波書店）というように、頼まれた以上は、理非をかえりみず庇護をあたえることが弓矢の習いとされた。また「人を憑むの法、身命なほ以て惜まず」などと、頼みあったばあい、身命にかえてまもるべき信頼義務が生じるのが作法だという意識が生まれた（笠松宏至『中世人との対話』東京大学出版会）。

タノミの節句

一三世紀の中葉になると、タノミの節句が主従儀礼としてひろまるようになる。タノミの節句は八朔ともいい、八月一日に日ごろ世話になっている憑《たの》む人に、憑み物を贈り、憑む人はこれにたいして、相当の返礼をする。もとは農民の農耕儀礼で、現在は西国にひろく分布しているという。新穀を田の神に供えたり、これをもって主家に挨拶にいった。稲はまだ未熟なので、収穫の予祝的な意味もあった。このばあい、タノミは田実をあてることがあった。田の実りである田実と、頼みをかけることは、和歌などでは古くからおこなわれていた（和歌森太郎『日本民俗論』千代田書房）。タノミの節句は、相当の返しをおこなうことが礼であるように、互酬的な性格もつよく、頼《たの》母子《もし》や義理贈答の習俗の起源として、はやくから注目され（桜井庄太郎『恩と義理』アサヒ社）、日本の社会意識の古層におよぶひろがりをもっていた（『石母田正著作集』八巻、岩波書店）。それが武家の主従儀礼として取り込まれ、公家社会にもひろまったのである。だが武家が頼みを主従制にまで高める過程は、血に塗られた野蛮さを否応なく抱え込んでいたことはわすれてはならない。武家や百姓に主従制を拡大するためには、頼みを強要することが必要だった。源義朝は、相模国大庭御厨《おおばのみくりや》に乱入し、莫大な財物を奪い取るなど圧力をかけつづけて、やがてその下司《げし》大庭氏を郎党に組み入れた（石井進「一二─一三世紀の日本」、岩波講座『日本通史』第7巻、岩波書店）タノミの節句も史料にあらわれてくるのが、承久の乱後の東国武士の西国への進出と符合している。あたらしい土地へ地頭として、進出した武士が、農民とのあいだに主従関係を打ち立てるために、どれほど暴力的にのぞんだかは、よく知られている（梅津一朗「中世在地社会における秩序と暴力」『歴史学研究』

五九九号)。そうした武士たちが、在地の農耕儀礼を取り込んだ結果、武家社会にもタノミの節句がひろまったとも考えられるが、たしかな検討はない。タノミの節句はやがて、室町幕府では憑惣奉行《たのみそうぶぎょう》という役職が常置され、江戸幕府では、徳川家康が八月一日(八朔)に江戸入城をしたという伝承とむすびついて、重要行事となった。ここでは頼みの関係は、たんなる人と人との関係そのものをいいあらわしているのではなく、一つの規範や儀礼秩序にまで高められているといってよい。そしてそれは人格的相互依存の関係から、主従制的秩序まで、重層的で幅広い人と人のきずなをあらわしていた。

頼もしさと公儀

中世後期になると、武家のイエ支配が動揺しはじめた。それは中世の家父長制的な大きなイエから、近世の小さなイエへという日本社会史上の大変動の一環をなしていた。この変動のなかで、人びとは自らの願望を達成するために、せめぎあった。こうしたなかで「寺も庵もおあしも米も多く持ちたれば、しじうの檀《だん》那《な》に、頼み頼まるる」(「烏帽子《えぼし》」、日本古典文学大系43『狂言集』下、岩波書店)とか「大浦庄を知行のたよりニたのミ憑まれ申さんといふ契約」(「菅浦覚書」、日本思想大系22『中世政治社会思想』下、岩波書店)などと、頼み頼まれるということが、きまり文句のようにいわれた。頼みあうことで、その願いをはたそうとしたのである。またいっぽうで、頼もしさがもとめられ、そこからあたらしい主従制が鍛えられた。戦国から近世の成立期では、主人はつねに頼もしき器量を問われ、もはや中世前期のように出自にもとづく貴種性は問題ではなかった。器量は、やがて天下統一がなって平和がおとずれれば、武略から「政務」に力点が移っていく。儒学の普及もあって、君主の器量は、仁義や明徳にあるとされた。しかしここでもそれは、「たのもしさ」に裏打ちされていた。熊沢蕃山《くまざわばんざん》は、君子がまもるべき義理を説いて、真の義理とは、「たのもしきところあるを義理という」としている。また本当の義理ができなくなれば、「親類・知音の筋目ある人、家頼などには見おとされ、たのもしからぬ者」といわれ、ついには家が滅びる。「心・身・家・国・天下」とともに「幸福」は「仁義」にあると説いた。ここでは心から天下まで「義理の実」の大切なことがいわれるが、それは同時に「たのもしさ」として追究されているのである（「集義和書」、日本思想大系30『熊沢蕃山』岩波書店）。いっぽう民衆にたいして、それは人びとの頼みを統合するものとして、「たより（便り）なき者」の訴をも受理する公儀として開かれた。戦国家法では、「内儀相憑むの由」があらわれたなら、理非を論じないで、そのものの負けにするとされ、縁をつうじた無理な頼みは否定された（「今川仮名目録」、日本思想大系21『中世政治社会思想』上、岩波書店）。その対極に、奉行人・大名による理非の裁許がおかれて、それが公儀だとされたのである。このことは近世にも「公事ニ付て、よしミをたのミ、他所より状を持ち来たり候を（はノ誤リ）、理非に立ち入らず、その者のまけに申し付けるべき事」と継承された（『京都町触集成』別巻二、岩波書店）。

近世の村と頼み

近世では検地により、村の範囲が確定し、名主・庄屋などの村役人を中心に年貢を村で請け負う村請制が導入された。村役人は、最初、土豪百姓がその地域支配の実績をみとめられて、領主から任命されることが一般的だったが、やがて村中が名主を頼むかたちがひろがり、百姓仲間のなかに取り込まれていった。

摂津国島上郡柱本村では、慶長十二年（一六〇七）より慶長十五年（一六一〇）ごろまで、年貢算用の処理をめぐり争論がつづいた。このなかで庄屋は、慶長十五年（一六一〇）、百姓からすべての算用を「貴殿へまかセ申し候間、いかようニも在所の始末頼み申し候」「我も人も在所ニかんにんまかりなり候様ニ御才覚頼み申し候」としたうえで、年貢率のこと以外には、代官に相談事はしないという起請文をとっている。ここでは百姓が「在所ニかんにん」なるように庄屋に頼み、その始末を「まかセ」ることが、起請文で相互に確認された。庄屋はこれにより、百姓の支持をとりつけ、村方騒動をおさえようとしたのである（水本邦彦『近世の村社会と国家』東京大学出版会）。庄屋は、領主の任命で庄屋となったのであるが、結局、百姓の頼みと「まかセ」がなければ、その地位は安定しなくなっていた。

頼んだ以上、少しのことは「まかセ」るという関係は、柱本村のばあい、「在所ニかんにん」がなるようにするかぎりで、という条件がつけられており、百姓による制約がはたらいていた。しかし、一般にはその範囲はあいまいなもので、頼みに内在する託身的な依存から、従属にまで転化しかねない内容をふくんでいた。頼んだばあい、相応の加勢がもとめられることは、めずらしくなかった。元和三年（一六一七）、村方騒動で訴えられた陸奥国田村郡南小泉村の肝煎《きもいり》は、肝煎役の免田のほかに、百姓が肝煎の「田うへ、田うない」に年二度ずつ「人足のこうりよく（合力）」をすることは、どの村でもおこなっており、不正ではないと主張している。また万治二年（一六五九）に、能登国鳳至《ふげし》郡曾々木村は、隣村の土豪百姓時国氏に訴えられて、以前は「時国殿を万事頼み申し候へハ、かせい」をしたが、近年は代官が設けられ、時国氏を頼まなくなったので、年に四、五日割り当てられた「かせい」もしなくなったと弁明した（『編年百姓一揆史料集成』第一巻、三一書房）。家事への手伝い、加勢は、土豪百姓が、その門屋・被官・下人などにかけた門役を拡大したもので、村中の頼みを土豪的なイエ支配の論理のなかでとらえたばあいに生じたと考えられる。

頼もし気と村の公

しかし村役人にたいする加勢などの手伝いは、小百姓の台頭とともに、我儘《わがまま》という非難をうけるようになる。陸奥国田村郡南小泉村の百姓たちが「百姓あり申し候てこそ肝煎も仕るべく候」と主張したように、百姓あってこその村役人であるという主張があらわれ、それが村中の頼みを土豪百姓のイエ支配へ編成していくことをはばむようになった。元禄四年（一六九一）の豊後国日田郡藤山村の村方騒動の訴状では、庄屋が田地一町七反余を押し取ったとして、庄屋が「情けある人」ならば百姓をたすけるところなのに、「私欲」がつよいため、少しの借銀・借米に高額の利子をくわえて、田地を取り上げる。こういう「邪心」のものなので「末々不頼母敷気」であると訴えている。情けのない私欲の庄屋なので、頼もしくないと訴えたのである（『編年百姓一揆史料集成』第二巻、三一書房）。農民教諭書などでも村役人の器量として「第一正直にして心広く、質朴にして貪《むさぼ》らず、慈悲有りて贔屓《ひいき》なく、分別有りて奢《おご》らず、身上の余慶も有り、頼もし気有りて気長く偏屈《へんくつ》ならず」と正直・質朴・慈悲・分別・身上の余慶（財産）のすべてにかかわって生じる信頼感として、「頼もし気」があることがもとめられるようになった（「百姓分量記」、日本思想大系59『近世町人思想』岩波書店）。一七世紀末には、土豪百姓の頼もしきものとしてのありようを、百姓仲間を中心とした村のためという枠組みに取り込み、「まかせ」を媒介に、社会的権力として百姓を従属させようとする方向を、我儘・私欲として非難・抑制する動きがつよまり、両者のせめぎあいのなかに村の公(公共性)があらわれたのである。頼み証文の成立も、じつはこうした村の頼み関係の展開をふまえたものであった。頼みが証文としてあらわされるということは、そこにある人と人との関係が証文という「もの」によって対象化されることを意味した。ここでは村の公は、頼もしきものに無限に依存するなかであらわれるのではなく、それぞれの一定の自立を前提に、証文により確認された委任としてあらわれる。両者のせめぎあいがなくなったわけではなく、名主の適格性が「頼もし気」があるかどうかという、人格的徳性としてもとめられる性格はなおつづいた。しかしここでの人と人とのきずな——その依存と連帯は、あきらかにあたらしい水準に到達したといえる。それは全体として、公共性の形成と契約社会へとむかう動きの一階梯《かいてい》だったのである。

見継ぎ見継がれる

頼みの関係は、どちらかというと上下秩序を形成する要因として作用することが多かった。これにたいして人と人の水平的結合をいいあらわすものとして、中世には見継ぎ見継がれるということが盛んにいわれた。見継ぐとは、やはり古語の一つで、見守りつづけるということから、かたわらにあって世話をする、助勢する、援助するという意味をもっていた。蒙古との戦いにのぞんだ竹崎季長は、一門の武士と兜《かぶと》を取り替えて、それをしるしとして「相互に見継ぐべき」と約束した。合戦で助け合ったり、たがいの戦功を確認しあうためであった（「竹崎季長絵詞」、日本思想大系21『中世政治社会思想』上、岩波書店）。また観応元年（一三五〇）紀伊国荒川荘では、悪党の乱暴について、「見継ぎ同心候者」は注進するという起請文がとられ、与力同心とおなじ意味でつかわれることもあった（『大日本古文書』高野山文書七巻）。やがて平等な成員による結合である一揆がひろがると、見継ぎは相互の一揆結合を表現するようになった。応永十七年（一四一〇）の陸奥国五郡一揆は、「大小事に就き、堅く相互に見継ぎ、見継がれ申すべく候」と、見継ぎ見継がれることを目的にして、結成されており、一揆的な水平の結合を表現するにふさわしいものとしてつかわれた。これにたいし頼みは、一揆ではむしろ否定的につかわれた。永和三年（一三七七）の肥後・薩摩・大隅・日向国人一揆契約状では、「一揆衆中を憑」み粗忽な行動をとったものに合力しないとしている。また宝徳三年（一四五一）の小早川氏の一家中連判契状《けいじょう》は「衆力を憑み自他に対し無理をいたさば、衆中を放つべき事」とある（日本思想大系21『中世政治社会思想』上、岩波書店）。一揆は、たがいに平等な立場で、理非にもとづく、公を創出する行為だったから、そのなかで衆を頼んで無理を押し通すことはゆるされなかったのである。

近世の見継ぎ

近世では、見継ぐという表現は、それほど一般的ではなくなっていた。しかしなくなったわけではなかった。元禄期に三河・遠江地方で成立したといわれる農書『百姓伝記』では、「見つく（見継ぐ）」べき百姓を見継がないのは、不義理だとされ、助合い（すけあい）の意味で使用されている（『日本農書全集』一六巻、農山漁村文化協会）。享保四年（一七一九）遠江国周智《すち》郡気田村では、跡継ぎのない後家が跡式の処理をまかせることを条件に、その渡世を「見次」いでもらう一札をだしている（『春野町史』資料編二）。また享和二年（一八〇二）より記載のある江戸雑司ヶ谷の「御救願上候帳」では、病気などで困窮しているものに、公儀のお救いを願うにあたって、店請《たなう》け人・家主が「見継」いだが、不行き届きとなっているというのが、きまり文句のようになっており、それなりに使用されたことがわかる（『豊島区史』資料編二）。いっぽう訴願や百姓一揆では、元禄十六年（一七〇三）の信濃国佐久郡田野口村の江戸訴訟の定め一札では、検地の不満から「入れ替り〳〵御訴訟」しようとしたうえで、江戸にでたものの留守中のことはたがいに「見次ぐ」ことを連判した（『長野県史』近世史料編第二巻1）。同様に、正徳三年（一七一三）下野国都賀《つが》郡下初田村の年貢訴訟の起請文、文化十四年（一八一七）武蔵国都筑《つづき》郡鉄村の車連判状（『横浜・緑区史』資料編第一巻）など、百姓一揆の証文でも、代表者が処罰されたさいに、「見次」「見継」とされている。また享保五年（一七二〇）下野国都賀郡下生井村でも九名の百姓が「身命をかけ」訴訟をおこそうと連判して、すえずえまでたがいに見継ぐことを約束している（白川部達夫『日本近世の村と百姓的世界』校倉書房）。ここでは中世の一揆の見継ぎ見継がれる関係が継承されていた。上方では、村の褒美がはやくから制度化されたためか、見継ぐという一般的表現であらわれることはみられないが、定め一札のような連帯型の文書がこの系譜を引き継いでいたことは、田野口村の一札や下生井村の一札にうかがうことができる。また正徳三年（一七一三）の下初田村では、処罰者の補償のための見継ぎを約束した起請文のほかに、頼み証文が作成されており、頼みと見継ぎが重層してあらわれた（白川部達夫『日本近世の村と百姓的世界』校倉書房）。見継ぎは、助合い・余荷《よない》という言葉に受け継がれたため、近世の村ではあまり目立たなくなるが、それでもそれは、頼みとならぶ人びとのきずなの基本的枠組みとして、重要な位置をしめたのである。

頼み証文の展開

頼み証文の様式整備

頼み証文は、頼みを証文にすることから、はじまったので、当初は内容が先行して様式や名称は定まっていなかった。しかしやがて頼み証文という認識と名称、それにふさわしい様式が形成されていくことになった。

貞享三年（一六八六）陸奥国田村郡山中村では、村に入り作していた他村のものが年貢納入を滞らせたため、江戸へ出訴することになり、惣代に頼み証文をわたした。その事書には「頼み申す書付の覚」とあり、頼み文言があらわれている（『福島県史』一〇上）。また元禄三年（一六九〇）の信濃国佐久郡下海瀬村の名主の頼み証文も事書に「惣百姓相談ニて名主頼み申す証文の事」とあり、事実上の頼み証文が一般化するころにすでに、頼み文言が事書にあらわれることがあった（国文学研究資料館史料館編『近世の村・家・人』名著出版）。しかしこれらは、まだ「頼み」と「証文」がわかちがたくむすんで、頼み証文という固有名詞として確立したものではなく、文書の主題が頼みであることを強調したものにすぎないといえるだろう。

関東の頼み証文

現在の調査段階では、頼み証文が、固有名詞としてつかわれていることを確認できるもっとも古い文書は、延享元年（一七四四）の武蔵国豊島郡上落合村ほか五〇ヵ村が、中野村名主に鷹野人足扶持の受け取りを頼んだ証文で、書止め部分に「後日のため、村々より頼証文連判ニて差し出し申し候処、よつてくだんのごとし」とあるものである（都立大学図書館所管・堀江家文書）。その後、宝暦六年（一七五六）に美濃の郡上騒動にあたって、郡上郡剣村で百姓が一揆の帳本を頼んだ証文の事書に「御頼み申す一札の事」と記され、頼み証文の事書の形式があらわれている（『大和村史』史料編）。関東でも、宝暦九年（一七五九）、相模国津久井県青野原村で名主・組頭の退役にかかわり「相頼み申す一札の事」という文書が作成されており（『神奈川県史資料所在目録』第四八集）、宝暦十年（一七六〇）には、冒頭に紹介した武蔵国多摩郡田無村ほか八ヵ村の頼み証文があらわれた。宝暦期ごろから、頼み証文という文書様式が存在するという認識が定着しはじめたといえるだろう。ことに関東では、安永期（一七七二〜八〇年）には事書や書止め部分に頼み証文であることを明確にしめす文書は、ひろくみつけだすことができるようになる。また領主側でも、百姓が訴願にあたって、頼み証文を作成するということは知られるようになっていた。明和七年（一七七〇）武蔵国那賀郡秋山村の惣百姓は、名主の不正を江戸に住んでいた村の出身者に頼んで旗本領主に訴えた。これにたいし旗本は「頼の連印ニてもこれあるや」と尋ね、後日そのものから一札が提出されている（『児玉町史』近世資料編）。またやや後になるが、寛政五年（一七九三）、下総国印旛郡木下河岸の問屋争論で、幕府の奉行所に駆込訴をするものがおり、領主に下げられると、領主役所では「惣代御吟味」をおこなった。これにたいしてそのものは、村方から頼みの一札をとりよせている（『印西町史』史料集、近世編二）。領主側でも頼み証文の認識があり、それにより惣代適格性を確認する惣代吟味手続きをおこなうばあいがあったのである。

中部と上方の頼み証文

関東につづく時期に、確立した頼み証文の認識・様式の存在がわかるのは、甲信越地方であった。安永七年（一七七八）、信濃国小県《ちいさがた》郡上塩尻村の江戸出訴の頼み証文は、表紙に「浦山出入ニ付惣代中頼証文一紙連印帳」とあり、内部の事書に「指し出し申す頼証文の事」、書止めにも「頼証文」の文言があり、この時期に、頼み証文の認識と様式があったことをしめしている（『長野県史』近世史料編第一巻2）。つづく享和二年（一八〇二）下伊那郡月瀬村の名主の頼み証文の事書に「差し出し申す頼書付けの事」とあり、頼書に近い表現があらわれた（『根羽村誌』上巻）。また寛政十一年（一七九九）甲斐国巨摩郡鮎沢村ほか一〇ヵ村の名主が、その年の郡中惣代に年貢納めを頼んで「相頼み申す一札の事」という文書をあたえている（『櫛形町誌史料篇』）。さらに文化九年（一八一二）越後国蒲原郡宮川新田の惣百姓が、小作入り付け米訴訟の惣代へあたえた頼み証文の事書は「居村《きよそん》抱持《かかえもち》惣百姓頼証文の事」となっている（『中条町史』資料編第三巻）。以後、甲信越地方では、化政期には一般的に使用された。

これにつづくのは上方で、天明六年（一七八六）大坂の柏原船の問屋たちが、訴訟の返答にあたって、惣代にあたえた一札の書止め部分に「後証のため頼一札、よつてくだんのごとし」とある（『柏原市史』第五巻）。また同年の丹波国天田郡額田村から隣村井田村の庄屋にあてた土地移動にともなう年貢処理を頼んだ文書の事書に「御頼み申す一札の事」とある（『福知山領井田村水上家文書』第二）。さらに寛政五年（一七九三）摂津国島下郡片山村の庄屋不帰依願いの願い下げの一札に「念のため御頼一札くだんのごとし」となっており（『吹田市史』第六巻）、以後、化政期には一般化する。なお上方では、現在頼み証文という呼称の発見例はなく、頼一札がほとんどで、数例頼状・頼書と称しているものがある。

東海・北陸の頼み証文

東海地方では、宝暦の郡上騒動以後、頼み証文は多く作成されているが、事書に頼み文言のはいる文書や書止め部分に、頼み証文の認識をしめす文書はみあたらない。文政二年（一八一九）の遠江国豊田郡大栗安村の組合出入りの一札の書止め部分に「念のため頼一札差し出し申し候所、よってくだんのごとし」とあるのが初見となっている（『天竜市史』史料編4）。つづいては天保三年（一八三二）伊豆国田方郡大仁村ほか八ヵ村が、鮎漁の禁制を韮山役所に願うために、作成した頼み証文の事書に「頼書一札の事」とある（『静岡県史』資料編12）。天保期以降は、頼一札、頼書の名称は一般化しているが、頼み証文の呼称はここでもみられない。

北陸地方では、加賀藩領の加賀・能登・越中には頼み証文はほとんど発見されず、越前・若狭にある程度みとめられる。文政五年（一八二二）越前国大野郡下荒井村の庄屋の頼み証文の書止め部分に「願ミの一札」とある（『勝山市史』資料編第三巻）。「願ミ」は頼みの書きちがいか、読みちがいであることは「ミ」をおくっていることであきらかである。しかしその後、これにつづくものはなく、弘化四年（一八四七）若狭国下中郡田烏村永源寺の本堂普請で、大工に宛てた「本堂普請頼一札の事」(『小浜市史』諸家文書編三)や、文久元年(一八六一)越前国丹生郡気比庄村ほか一一ヵ村が、幕領から私領渡しとなることに反対して、江戸出訴したさいの惣代への一札に「差し入れ申す頼書一札の事」とある程度である(『武生市史』資料編、諸家文書二)。越前・若狭では頼み証文はそれなりにあるが、頼み一札、頼書の認識は、幕末期に近くならないと確認できない。

東北・西国の頼み証文

東北では、磐城・岩代・羽前、現在の福島・山形両県に頼み証文がはやくからみられ、これ以北には発見例がない。そのうえで、天保五年(一八三四)羽前国村山郡上山家村が、須川通船を計画したさいに、各村の船頭が反対して作成した頼み証文の書止め部分に「御頼一札」とあるのが、もっとも古く(『山形県史』近世史料3)、以後幕末にはいって、頼み一札、頼書の呼称がつかわれた。最後に、中国・四国・九州の西国では、頼み証文の発見例がほとんどない。わずかに岩見・伯耆・美作に数点あるだけである。このうち文化五年(一八〇八)岩見国邇摩《にま》郡波積組村むらが、江戸出府惣代に宛てた頼み証文の表紙に「出府惣代頼書」とあるのが初見である(『岩見国邇摩郡福光下村福富家文書目録』国立歴史民俗博物館)。その後、文化十年(一八一三)美作国久米北条郡中北上村以下一七ヵ村が大坂直支配を訴えるにあたって作成した書付の書止めに「頼一札」とあり(『編年百姓一揆史料集成』第九巻、三一書房)、天保四年(一八三三)伯耆・国会見郡信頼村の草刈り一件の詫びの頼み状に「御頼み申し上げ候一札の事」という文書がある(『西伯町誌』)。つづいて弘化四年(一八四七)岩見国南条郡小松池村の庄屋の頼み証文に「相渡し申す頼書一札の事」とある程度である(春原源太郎編『近世庶民法資料』第一輯)。

頼み証文の展開の特徴

頼み証文は東国に自然発生的にはじまり、様式の整備は関東において最初にすすんだとみられる。つづいて甲信越、上方へひろがり、東海、北陸、東北などにおよんだ。頼み証文の呼称は、一般には頼み一札・頼書・頼み状であるが、関東・甲信越地方にのみ、頼み証文の呼称がはやくからおこなわれていた。また中国・四国・九州、東北でも現在の福島・山形県以北はほとんど発見例がなかったことがわかる。この地域は、大藩のおかれた領国地域で、村の名主・庄屋の上に広域の行政にあたる割元・大庄屋制度が完備していた。割元・大庄屋が領主と村むらのあいだを、それなりに媒介するため、領主に訴えるために惣代を選出する必要がすくなかった。このことが頼み証文があまり作成されなかった理由でないかと考えられるが、立ち入った検討はまだない。

地域秩序と頼み証文

頼み証文の様式整備と並行して、その対象範囲は村から地域へとひろがり、頼み証文は地域の秩序形成の文書としての役割をはたすようになる。頼み証文の様式整備は、じつはそれが村から、地域にひろがっていったときに、一定の書式を必要とするようになったために、すすんだことでもあった。幕府は、近世初期には各地で土豪的な百姓を割元・大庄屋などに登用して、年貢徴収や広域的な役負担、治安の維持にあたらせていた。ところが一七世紀末になり、村むらで小百姓が台頭して、土豪百姓の経営が衰退すると、その地域支配も動揺せざるをえなかった。そこで幕府では、正徳三年（一七一三）大庄屋廃止令をだして、勘定所・代官が直接、村むらを把握する方向をめざすようになった。しかしわずかな代官所役人で、なんらかの中間支配機構なしに、ひろい地域を治めることは、じっさいには不可能で、大庄屋廃止令はしだいになしくずしとなった。それだけでなく、これを機会に百姓側からより民意を反映させることのできるものがえらばれて、地域惣代として支配に参画する動きもみられるようになった。享保五年（一七二〇）におきた会津の御蔵入り騒動で、不正を訴えられた郷頭《ごうがしら》（大庄屋）たちが、大庄屋廃止令後の再設置で、百姓たちは郷頭も「百姓ども召し抱えの役人の様ニ存じ」て我儘をいうと反論しているのは、こうした動きの一端をしめしている（『編年百姓一揆史料集成』第二巻、三一書房）。全国の幕領で、民意を背景にした地域惣代が本格的に成長するのは、一八世紀中葉のことだった（久留島浩「直轄県における組合村―惣代庄屋制について」『歴史学研究』一九八二年大会報告号）。この時期、商品生産の発展に対応した豪農が成長し、かれらが地域利害を代表するようになった。豪農は、地主・商人として百姓から小作料や百姓の生産した商品作物の利益を収奪したが、一面で自らも商品生産にたずさわっており、百姓と利害をともにすることもできたのである。

頼み証文の文書としての整備は、こうした地域惣代の発展と並行していた。たとえば将軍の日光社参にあたって、享保十三年（一七二八）より幕府の関東郡代伊奈氏は、社参の遂行のための触次役を地域で選出して届けるようにした。享保社参では、地域からは届書による届けが一般的だったが、つぎの安永五年（一七七六）の社参では、かなりの村で頼み証文が作成され、これが届けられた事実がある。この間に、村むらによる地域惣代の選出と、頼み証文の作成がひろがったことがわかる。またもっともはやい、完成された頼み証文が残されている江戸近郊の武蔵国多摩郡中野村では、名主の堀江家が戦国時代以来の在地土豪で、後北条氏の小代官として、周囲の村むらの年貢などのとりまとめをおこない、幕府から鷹野御用触次役《たかのごようふれつぎやく》に任命されていた。しかし宝暦七年（一七五七）、筆墨料などを村むらからだすことになったのを機会に、堀江家はあらためて鷹野御用触次役を頼み証文で頼まれて、任務を継続することになった（都立大学図書館所管・堀江家文書）。こうして領主に任命された触次でも、村むらから頼み証文で頼まれて、任務継続が確認されることで、地域の利害を代表せざるをえない側面が、つよくなってきたのである。

近世後期の委任・依存と頼み証文

頼み証文の様式が完成し、頼み証文という文書の認識と有効性が知られるようになると、証文は各地で作成されるようになる。こうしたなかで、頼み証文のあらわす委任・依存の関係も変化しはじめた。その一つの方向は、頼み関係のいっそうの明確化で、契約的側面がつよめられた。関東では村役人や訴願惣代だけでなく、鷹場御用触役や用水管理の惣代、助郷惣代など、地域業務を日常的に担う惣代も、頼み証文で頼まれるようになる。それにしたがい日当支給など経費入用金額を明文化するものが多くなった。それだけ頼むものと頼まれるものとの人格的依存関係は希薄となり、契約的関係にすすむことになる。近代法の委任とは「他人の特殊な経験・知識・才能などを利用する制度」だといわれる（我妻栄『債権各論』中巻二、岩波書店）。前近代でもそのことにあまりかわりはない。両者のちがいは、それを担保している人と人とのきずなが、近代では契約関係を、前近代では人格的依存関係を媒介にしているということであった。こうした契約化の動きは、むしろ上方の村の定め証文のなかに、はやくあらわれていたが、関東でも一九世紀には顕著になってくるといえる。近世後期では先進地域以外でも訴願の技術をもつものがあらわれ、ときには公事師《くじし》といわれて、謝金をもらって訴訟を遂行した（青木美智男「近世民衆の生活と抵抗」、『一揆』4、東京大学出版会）。天保二年（一八三一）、相模国三浦郡東浦賀村の干鰯問屋《ほしかどんや》仲間が、訴訟をおこそうと、仲間から惣代を立て頼み証文を作成したが、この惣代五名のうち、二名は正規の仲間構成員の代理で、意図的に公事に慣れたものをいれていたという（平川新「頼みと誓約」『歴史』第八七輯）。

惣代と村むらの頼み関係が、契約的性格をつよめると、なかには事実上、請負契約的なものがふくまれるばあいもでてきた。助郷会所惣代のばあい、費用や人足負担の運用そのものが任務だったので、請負契約の性格がことにつよかった。武蔵国足立郡下谷塚村他三七ヵ村が草加宿助郷会所詰惣代に宛てた文化九年（一八一二）の「議定頼証文の事」では、村むらのだす負担が見積もられた後に、毎年十二月に勤人馬賃銭などを清算して、残りの分で助郷会所諸入用・惣代給料そのほかを、まかなうように約束している（『草加市史』資料編II）。惣代は、助郷業務の遂行を一定の金額で引き受け、その節約の成果は惣代給として手中におさめてよかったのであるから、これは委任というより請負だったわけである。こうした傾向は、用水惣代のばあいにも多くみられた。

頼み証文の拡大

もう一つの方向は、頼み証文の範囲の拡大である。村役人や訴願惣代、用水・助郷などの地域惣代の代表委任という頼み証文が発展してきた筋道のほかに、近世後期では行政上の業務委任、生活上の依頼などが、頼み証文の形式で作成されるようになった。行政上の業務委任では、行き倒れ人の処理について、そのものの出身村の村役人が行き倒れとなった村へ宛てて、処理を依頼して頼み一札をだすことが関東などではひろくおこなわれた。また生活上では、不行跡ものへの処分を家族・親類から村役人にたいして頼んだり、名目金の融資依頼のさい、頼み一札が使用されたりすることがあった。頼み証文という形式が生まれることで、それまで頼み関係を文書で残すほどの必要のなかった庶民にも、その利用がひろまったのである。こうして頼み証文は、近世後期には、委任から請負、依頼までをふくむひろい用途に使用されるようになったのであるが、そうなってみると、いっぽうで、その個性は拡散していかざるをえなかった。そこに近代にはいって、あらためて委任という用語が人と人との関係をあらわす言葉として、近代法概念の登場とともに普及する必然性が生まれてくるといえるだろう。

頼み証文と近代代表委任

頼みの契約化とそれへの民衆の広範な参加、証文の用途の拡散という現象は、一つには「頼み」のもつ人格的な関係が、社会の契約化とともに希薄化したことを意味した。しかしそれは、人びとが直ちに、依存から解放されていったことを、意味したのではなかった。契約関係への移行は、人びとが非人格的な文書の効力を強制する力のもとに編成され、依存していくことを意味した。これは民衆の日常生活の場においてもかわりがない。したがって頼み証文が一般化する過程で、それは人びとを疎外する側面をもたざるをえなかった。国訴の頼み証文に象徴されるように、頼み証文が民衆の大規模な地域編成に不可欠となり、そこにあたらしい人間関係として代表委任の制度が発展したという積極的側面がある反面、それがただちに民衆を疎外するという関係がはらまれた。国訴の組織活動がきわめて整然と短期になされるのは、運動の中枢部から頼み証文の雛形などがまわされたためで、その中枢部のボス的性格が指摘される（野原浩一「『国訴』の組織と村落」『歴史研究』一二三号）。国訴組織の民衆からの遊離は、古い関係の残存というだけではなく、代表委任がもつあたらしい人間関係に、本質的に内在しているものにほかならなかったのである。代表委任による、いわゆる名望家的支配の民衆疎外がきびしくなれば、民衆の直接行動への欲求がつよくなる。近代では民主主義が直接民主主義を原質とするという、代表委任の虚構をつく運動がつねに再生産される。むしろその民衆参加の衝動こそが、代表委任を生き生きとしたものにする力であった。

公と私と共

迷惑・我儘・私欲

迷惑・取込・非分

近世百姓の土地とのむすびつき、および人と人のきずなは、いずれのばあいも、人びとの共同性という問題群と不可分のかかわりをもっていた。ところでこの共同性を秩序づけて、構造化しているのは、人びとの共同性にいだく、正しさの感覚、つまり正当性の意識である。それはひろくいえば、公共意識という文脈につながるものである。ここでは、この点を村方騒動における非難文言ということにかかわらせて、検討してみたい。

共同性と正当性

非難文言の世界

非難文言とは、相手を非難して発せられる文言のことである。名主・庄屋の「不正」を領主に訴えた訴状には、この非難文言が数多く記載されている。「不正」という言葉も、現在よくつかわれる非難文言の一つであるが、それは前提に正義という正当性観念があってなりたっている。つまり非難文言と正当性観念とは一対の概念で、非難文言をみていると、その背後にある正当性がみえてくる、という構図になっているのである。近世の百姓は、百姓一揆もふくめて、じつに多くの訴状を残している。近世では、訴訟は百姓にかぎらず、民衆の権利だった。にもかかわらず近世民衆の訴状は、正当性を正面からかかげて、領主や名主・庄屋と対峙するような内容をもつものは、あまりなく、きわめて実務的なことが特徴であった。その実務的能力の高さは注目すべきものがあるが、権力を相対化する世界観を読みとるのは、むずかしいといえる。世界史的にはこうした世界観は、宗教思想のたすけをかりて表出されることが普通であるが、日本の近世では、一向一揆の敗北やキリシタン禁圧のなかで、現世の権力の正統性を根元から否定する異端思想が、民衆を深くとらえる可能性は、阻止されていたのであった（安丸良夫『日本の近代化と民衆思想』青木書店）。そこで非難文言は、近世の民衆がいだいていた正当性意識をうかがう大事な手がかりとなっているのである。

迷　惑

近世の初頭では、村方騒動の訴状もすくなく、非難文言も十分発達していたとはいいがたい。名主・庄屋の不正の事実を指摘するだけか、あるいは事実の指摘の後に、「めいわく仕り候事」などとすることが、ひろくおこなわれていた。たとえば慶長二十年（一六一五）の和泉国日根郡佐野浦の目安訴状の一節をしめすと、

一浦方御年貢米、霜月過ぎ候へハ米御取りなく候、また銀子にて上げ申し候へハ、これニも舟賃御取りなされ、めいわく仕り候事

となる。この佐野浦人の目安は、七ヵ条中、五ヵ条までが「めいわく仕り候事」と書止めている（『編年百姓一揆史料集成』第一巻、三一書房。以下、この章では『一揆集成』と略称する）。このように事実を書き上げた上で、「めいわく仕り候事」とまとめる表現形式は、村方騒動・一揆を問わず、近世をつうじて百姓の訴状に共有されているもので、さまざまな文言があらわれても、かわることがなかった。迷惑とは、一七世紀に宣教師により作成された『日葡辞書』（邦訳版、岩波書店）では「苦悩、あるいは、心を痛めること」とあり、「迷惑千万なり」として「この上ない悩みと苦しみを感ずる」と説明している。迷惑とは、あることがらにより、不利益をうけた側が感じたありようを表現したもので、非難文言としては、受け手がおかれた困難な状況や苦悩を訴えることで、相手を非難するという、婉《えん》曲《きょく》な構造をもっていた。迷惑文言が、訴状にひろく採用されたのは、名主など支配者につらなるものを非難するうえで、慎重な表現を要求されるなかで、この婉曲さが好まれたと

いうことがあったといえる。しかしこうした文言は、当然相手の不当性を批判し、自らの正当性を積極的に訴えるには、かならずしもふさわしいものではなかった。

取　込

いっぽうこの時期の村方騒動の訴状では、「かすめ（掠）取」などのように、行為の事実をしめす「取」に不当な意味合いをもつ文言をつけくわえて、非難文言とすることがおこなわれた。慶長十三年（一六〇八）の摂津国芥川郡東天川村の惣百姓中の訴状では、一二ヵ条の目安書のうち、六ヵ条に「おさへとり」「打ちかけ取」「かくし取」などの表現がある。また目安書の後の部分にも「ぬすミ取」という部分があり、この訴状が「取」に非難を意味する文言をつけることで、庄屋の不当性を訴える構造をもっていたことがわかる（『高槻市史』第四巻2）。

「かすめ取」以下のさまざまな「取」文言が使用されたのであるが、これらをとりまとめる表現としては、「取込《とりこみ》」「取籠《とりこめ》」という言葉がつかわれた。慶長十二年（一六〇七）の摂津国西成郡大道寺村の訴状について、小出山城守が庄屋に返答をもとめた「目安之写」では、小百姓の訴えた、

一百八拾弐石八斗七升四合

太郎左衛門かすめ取り申す分

などという目安書をしめしたうえで、「太郎左衛門取こミ一ツかきこのごとし、大道村小百姓ども仕上げ候間、ひらきせ仕るべく候」とある。「一ツかき（書）」のことを目安というが、そこには、「かすめ取」のほかに「うちかけ取」という文言がある。小出はこれを総称して「取こミ（取込）」と表現しているのである（『一揆集成』第一巻）。取込が取ってうちにいれるという意味なのにたいして、取籠とは力ずくで押し込めるというように不当性のつよい意味があったが、じっさいには、ちがいはそれほど意識されないで使用された。

取込に集約されるさまざまな「取」表現は、「かすめ」「ぬすみ」などきびしい非難表現をもつことがある。しかしそのあり方が、本来取るという行為の事実を指摘することからはじまっているように、批判としては具体的で明快であっても、そのことがかえって、即自的な表現から抜けでて、正当性を包括的に表現することをむずかしくしている。そういう意味では、具体的で個別的な事実を書き上げる訴状の世界から、それほどでているとはいえないだろう。

非分

初期の村方騒動では、迷惑・取込にくらべて、正当性をより積極的に表現する価値体系をもった文言として、非分文言が使用されることがあった。

摂津国芥川郡東天川村の慶長十三年（一六〇八）の訴状の目安書の最後には、

右の通り、弥二郎兵衛と申す庄屋かようにひふん（非分）仕り、年々このかたぬすミ取り申す故、去年もおんな子とも、五十六人方々へ身をうりめいわく仕り候とあり、非難文言として非分の語が使用されている。この訴状は一二ヵ条の目安書ではすべて、「取」系統の非難表現が使用されており、非分はここにだけあらわれている（『高槻市史』第四巻2）。非分は数々の取込や迷惑を列挙して、これを総括するときに使用することが多く、両者は矛盾しない。迷惑の状況をより上位の価値体系のなかに位置づけたときに、非分があらわれるという構造となっているのである。

理非の判定

いっぽう非分には、理非を判定して、非と裁定するという用法もあった。理分にたいして、非分があるのである。慶長十三年（一六〇八）に摂津国芥川郡柱本村の年寄が、脇百姓の年貢算用などの訴訟にそなえてかわした起請文では、江戸へのぼって「御理」をいうことを予想したうえで、「各々申し上げる儀とも、自然非分と聞こし召され、御セつかんなされ候ハヽ、各々一所ニあいはて申すべく候事」と起請している（『高槻市史』第四巻2）。ここでは非分は、理がないと裁許されることを意味しており、非分とされれば「御セつかん」（処罰）の対象ともなった。近世初頭で非分など、理非判定にかかわる文言がある程度、系統だって使用されているのは山野争論などの村と村の出入りのばあいであった。元和五年（一六一九）の陸奥国河沼郡綱沢村と松尾村の山野争論では、松尾村が山野を実力で横領したことについて、綱沢村が「理不尽なる儀を仕かけられ、迷惑」と訴えた。これにたいし奉行衆は、数度の究明をおこなったが「理非不分明」なので、現地に使者を派遣することにして、「理非決断」のときまで、双方に山へ立ち入ることを禁止した。その後、調停案がしめされたが、両村はこれに不満で、焼けた鉄の棒をとって神の判定をうかがう鉄火取りを申し出た。その結果、松尾村が敗れ、奉行衆は「松尾村より非分を申し懸け、鉄火負け候」と判断して裁許を下している（『会津若松市史』八巻）。

非分とは、分不相応なことがらをいいあらわしたり、理にあわないことや不正を意味する言葉として、古代末より中世はじめに使用がみとめられる。ほかに正当性をふくむ文言に、「非」をつけて、不当性を表現する用語は、『日葡辞書』（邦訳、岩波書店）では、非儀・非道・非法があり、同様なものとして、不法など「不」をつける方法もある。こうした用語は『日葡辞書』の作成された近世初頭では、よく知られていたものであった。しかし百姓の訴状では非分ほどは使用されることはなかった。

非分が比較的使用されたとはいうものの、その用例は百姓側からだされる文書にはそれほど多くない。大部分は事実を書き上げるだけか、迷惑とのべるにとどまった。それでも近世初期に非分の文言が普通にみとめられるように感じるのは、領主法令に多く使用されているからである。たとえば慶長八年（一六〇三）にだされた幕府の諸国郷村掟の第一条には、

一御料並びに私領百姓の事、その代官・領主非分あるにより、所を立ち退き候に付いてハ、たとえその主より相届け候とても、猥《みだり》に帰し付けるべからざる事

とあり、代官・領主の非分を抑制しようとしている（『徳川禁令考』前集第五、創文社）。大名でも、天正十九年（一五九一）加賀前田氏の重臣が能登国鳳至郡本郷組などに逃散《ちょうさん》百姓の還住を命じた書状に、「給人並びに代官、下代以下非分の族申すにおいては、急度注進すべく候」とあるのが代表的なものであった（『加賀藩史料』第一編）。近世初期のばあい、逃散百姓の還住やその防止のための法令に、こうした表現はきまり文句のようにおこなわれた。非分をおこなう主体は、領主・給人・代官・下代で、公儀権力と百姓の中間に存在する個別領主・支配の実務者たちであり、公儀権力はこの非分の抑制に意をもちいていたのであった。また名主など村役人については、幕府の寛永十九年（一六四二）の覚に、

公儀権力と非分

一年貢など勘定以下、代官・庄屋ニ小百姓立ち合い相極めべく候、毎年その帳面ニ相違これなくとの判形いたし置かせ申すべし、何事によらす、庄屋より小百姓どもに非分を申し掛けざる様ニ堅く申し渡すべく事

とあり、ある程度使用されたことがわかる（『徳川禁令考』前集第五、創文社）。村方騒動の訴状はともかく、百姓一揆の訴状の確実なテキストが残っていない近世初期では、百姓側が非分文言を多く使用しなかったと結論づけることには、慎重でなければならない。しかし公儀権力が、百姓から提起される取込・迷惑の状況を、名主・給人・代官あるいは領主の非分ととらえ、その排除・抑制をかかげることで、公儀としての正当性を確立しようとしていたこと、また公儀権力は理非を判定して非分と裁許する立場にあり、このことが公儀が非分文言を多用する背景にあったということはできるだろう。

我儘の展開

我儘文言の登場

寛永後期になると、村方《むらかた》騒動が展開するようになり、このなかで非難文言として「我儘《わがまま》」という表現がひろくおこなわれるようになった。一例として、明暦元年（一六五五）の河内国河内郡六万寺村百姓訴状の第一条目をあげると、つぎのようである（朝尾直弘『近世封建社会の基礎構造』御茶の水書房）。

一河州御手下六万寺村の百性ニて御座候、然《しか》る処ニ、郡の支配銀高壱石ニ壱分五り、弐分ならてハ懸り申さず候処ニ、庄屋善兵衛村ニてハ毎年高壱石ニ弐匁三分、或ハ弐匁五分ツヽ、懸け取り申され候、余村ニハ少ならてハ懸り申ず候処ニ、六万寺村ニハ庄屋善兵衛我儘ニ仕られ、大分ニ壱貫六百目余、またハ壱貫七百目余懸け取り申

され、百性迷惑仕り候事

この訴状では七ヵ条の目安書のうち、五ヵ条までが、「庄屋善兵衛我儘」と我儘文言《もんごん》をつかっている。他の二ヵ条では、一ヵ条が「新儀」、一ヵ条が事実を書き上げている。訴状の内容は、郡の支配銀や普請扶持米などの米銭にかかわる問題であるが、これも我儘で表現され、取込《とりこみ》のように、取ること自体には非難の意味をもたせることをしていないのが、特徴であった。また最後に「善兵衛・善助我儘ヲ仕られ、我々小百姓迷惑仕り候」としているように、我儘に「迷惑仕り候」とうけることがひろくおこなわれた。

我儘の用法

いっぽう寛永十九年（一六四二）武蔵国足立郡植田谷本村の百姓一三名がだした訴状では、村高・田畑反別をあげ百姓一三名分の反別・年貢から名主とその親類の田畑反別を算出したうえで、

右、このごとく田畠御座候所ニ、当御年貢巳ノ御物成より田壱反ニ付八合つゝ引き候由、八右衛門申され候間めいわく仕り候、当御わり（割）付をいまた百姓どもニ見せ申されず、我まゝニわりいたし申され候事めいわく仕り候間、仰せ付け下さるべく候事

としている（『一揆集成』第一巻）。物成より田一反に八合を引くという意味がわからない

が、百姓一三名と名主一門の所持田畑を比較していることから、名主一門に有利に取り計らったことが問題であったのであろう。そこで百姓側は領主から年貢賦課のために村にだされる割付状をみせず、我儘に割付をするのは、迷惑であると名主を批判したのである。この訴状は、冒頭にこの部分があり、つづいて目安書が三ヵ条ある構成をとっているが、これにつづく第一ヵ条目は、割付状の問題について、ほぼおなじことを主張して、つぎのように記している。

一年々の御わり付八右衛門壱人ニてわり遊され候間、百姓とも申す様ニ御公儀よりの御わり付米銭の高をは写せ、その上わりをもいたされ候と様々申し候へども、終ニ百姓相談もなく無体ニ米銭のわり遊され候間、めいわく仕り候事

「我儘」の部分はここでは「無体」となっている。また我儘の内容はここでは百姓と相談もなく、年貢を割り掛けたことであると、より一般的に表現されている。割付状をみせたり、写させたりして公開することは、百姓の合意をえるための行為であるから、百姓と相談することのなかに、ふくまれているとみてよいだろう。百姓中から村役人などを批判してだされた村方騒動の訴状であらわれる我儘の用法は、このように百姓中に相談なしに、村役人が恣意的な行為をおこなうことをさしていることが多い。

我儘の意味

我儘とは、代名詞「我が」に、名詞「まま」を接続した連語で、『源氏物語』などにすでにあらわれているが、中世にはまだ一語化していなかったといわれる。『文明本節用集』などの中世の辞書では、「自在　ワガママまた我儘に作る」と「自在」をあてることがおこなわれており、否定的意味をふくまないで、使用されることもすくなくなかった。しかしいっぽうで「勝手にする」といった意味も、比較的はやくからあらわれており、近世ではほとんどこの意味で、否定的に使用されたといってよい。

我儘の村方騒動文書での用法は、寛永十二年（一六三五）相模国高座郡羽鳥村の百姓が所持の松林を名主に切り取られたとして「無体ニ数多切り取りわかまゝいたし候」と訴えたり（『神奈川県史』資料編8）、寛永二十年（一六四三）の出羽国飽海郡中吉田村などの訴状に「肝煎作助我まゝ仕り、かやなとも御百姓にハ壱本もからせ申さず候」とあるように（『一揆集成』第一巻）、態度・行動をとらえて批判するさいにつかわれた。いわば行為としての我儘である。これは言葉の意味からいって、当然の用法であったといえるであろう。

また我儘は、取込と同義語として使用されるばあいもある。武蔵国秩父郡日野村の慶安元年（一六四八）の訴状では、ある百姓が過ちを犯して死んださい、百姓中がその田地を妻子にわたしたいと申し入れたところ、「田地跡我儘にさせ申す間敷」と名主が「無体」をいったうえ、その田地へ移り、百姓前より金二両をとったが、死んだ百姓の妻子にはあたえなかった。百姓方は「名主金子取りの儀、我儘と存じ候」としている（『一揆集成』第一巻）。前者の名主が百姓中に「我儘にさせ申す間敷」といっているのは、行為としての我儘であるが、後者の百姓方が名主が金子をとったのは我儘だと非難したのは、自在とか勝手な行為というだけでなく、取込とほぼ同義に使用されているとみてよいであろう。しかし我儘は取込をふくんで使用されるが、よりひろい概念で、無体に近く使用されている。無体は無理・無法という意味で、これを不正としての我儘としておく。いっぽう言葉としての我儘とでもいうべきものも、おこなわれていた。寛永十五年（一六三八）の武蔵国旛《は》羅《ら》郡太田村の惣百姓の訴状では、年貢の引き分などを百姓へ割り返すようにもとめたさい、名主は「わかまゝを申し、百姓に壱銭も出し申さず」であったと訴えている（『一揆集成』第一巻）。このばあい、名主はあれこれと言葉を左右して、割り返さなかったのであるが、その発言が百姓には不当なもので、我儘にきこえたのである。また慶安二年（一六四九）の摂津国武庫郡上瓦林村の庄屋の返答書は、小百姓より「地下中へ我かまゝ申かけ候様ニ申し上られ」たが、尋ねてほしいとしている（『一揆集成』第一巻）。庄屋側の主張であるが、「我儘を申し掛ける」という表現は、ひろくおこなわれていた。

事柄と人の資質

我儘は、人が自在におこなう行為であり、これが周辺に迷惑に感じられるときに、村方騒動文書での行為としての我儘が成立する。こうした構造をもっているばあい、我儘は個人の資質として、提起されることが不可避である。たとえば先述した武蔵国旛羅郡太田村の訴状で、「名主ニ似合い申さず候、祖父兵部右衛門ニ随わず、下知をそむき申す、わかままの茂助ニ御座候へハ」と名主茂助の「名主ニ似合い申さず候」という資質を問題にしている（『一揆集成』第一巻）。また寛文四年（一六六四）、相模国津久井郡沢井村の百姓、訴状が名主を「我かまま人」といい（『一揆集成』第一巻）、寛文七年（一六六七）の下野国河内郡上横田村の組頭《くみがしら》たちが肝煎《きもいり》を「我か儘者」と訴えているのはこれにあたる（『栃木県史』史料編近世1）。非分が事柄の当否を問題にするのにたいし、人の資質を問題にしているともいえる。この点では、我儘はよりパーソナルなところで使用され、非分はよりパブリックな方向に開かれているといってよい。行為としての我儘は、こうしたパーソナルな資質にふれるところからはじまって、不正としての我儘へとひろがっていく。ある点から、それは不正としての我儘に転化するのであるが、この領域はそれほどひろくはない。

我儘・非分・迷惑

不正としての我儘の用例は多くなく、行為としての我儘との境界もはっきりしない。結局、不正を強調するなら、非分の領域に踏み込んでしまうからである。寛文七年（一六六七）の下野国河内郡上横田村の組頭たちの訴状では、目安書の後に、

右の条々少も偽り御座なく候、彼の肝煎非分我かまゝ悪事ばかり仕り候間、御取り替え下されず候は、百姓たいてん仕べくと迷惑ニ存じたてまつり候

とあるのはそのよい例である（『栃木県史』史料編近世1）。ここでは我儘が不正であると印象づけようとして、「非分」「悪事」と二重に強調している。

いっぽう言葉としての我儘についても、同様なことがいえる。村役人の我儘は発言されるだけでなく、行為されるために、百姓の迷惑になるのであり、たいていのばあいは、行為としての我儘との境界がはっきりしない。たとえば寛文七年（一六六七）の信濃国佐久郡大沢村の惣百姓中の訴状では、名主が潰《つぶれ》百姓分の役儀を百姓中にかけるので、その分の田畑を村中にかえすように申し入れたところ、名主は「我かまま申し返し申さず候」であったという（『一揆集成』第一巻）。このばあい、我儘は発言についていわれているが、同時に「返し申さず」という行為でもあるのである。しかし我儘が発言にとどまるばあい

もある。寛永十年（一六三三）の河内国渋川郡久宝寺村の屋敷出入のさい、村役人が百姓方とむすんで江戸出訴にでた僧侶を訴えた覚書に「この度《たび》江戸へ参り我まゝ計り申し、上ニ偽りを申し上げべくと存じ候」とあるのはこれにあたる（『一揆集成』第一巻）。我儘が発言にとどまるのは、久宝寺村のように、百姓方のばあいであることが多い。百姓は我儘を行為とするだけの力量がないことが、言葉をこえてすすむことを、むずかしくしているのである。だが言葉は発言されるだけで、行為であるという側面もある。百姓の言葉としての我儘は、多くのばあい不服従という消極的行為や、ときには訴訟という積極的行為さえふくんでいるのである。このために領主・村役人も百姓の我儘を見逃すことはできない。そこで言葉としての我儘の用法は、領主・村役人など上位のものが、百姓など下位のものを批判するさいに多く使用されることになったのである。

こうした関係を、我儘・非分・迷惑という言語領域で考えてみると、百姓の迷惑の状況をより百姓や村に近いところで表現すると、我儘となり、これをより公的な場のなかで価値体系にかかわって表現すると非分となる。またこの時代の社会構成のなかでは、公的な場は、公儀として開かれており、その点では公儀―百姓体系へ接続しているといえるであろう。

我儘と在所

公儀とのかかわりでいえば、寛永七年（一六三〇）、京の金地院が同領河内国若江郡八尾西郷村の庄屋の所行を大坂町奉行に訴えた訴状では、庄屋がため池を埋めて田地にしたので、従来通り水を通すよう命じたところ、「在所の丑寅にあたり候間、ふさき候なとゝ自由成義を申し候、領主の下知もなきに、我まゝ仕り候事曲事に候、在所百姓ども迷惑」していると非難していることが注目される（『一揆集成』第一巻）。ここでは在所で、領主の下知もうけず、「自由」な振る舞いをすることを我儘としている。また慶安元年（一六四八）の河内国古市郡新町村の小百姓が壺井村の庄屋を訴えた訴状では、損免の引き分を入作の新町村の百姓に割りあわないことを指摘したうえで、「惣テ右の清左衛門（庄屋―白川部）ハ百姓中に何様の儀御座候ても、御公儀様へ御とゝけも申し上げず、在所にて我かまゝをいたし、小百姓どもをかすめ申され候御事」とのべている（『一揆集成』第一巻）。前者では領主の命をきかず、後者では百姓中の願いや状況を公儀に届けず、我儘をつくしている姿がうかびあがってくるが、その場が在所であった。このように我儘は、その対象空間を指定する性格があった。寛文二年（一六六二）の版本が残る、戦国大名近江浅井氏の興亡を主題とした『浅井物語』では、初代亮政が「郷北を我儘にすべし」と思案して、挙兵したとしている（『国史叢書』）。新町村の訴状が、「在所にて我かまゝをいたし」と庄屋を非難したのにたいして、『浅井物語』では思案した人物は浅井亮政その人なので、我儘に非難の意味はないが、郷北・在所など我儘がおよぶ対象の地理的空間が認識されていることは、共通している。近世初頭にあっては、我儘をおこなう名主・庄屋は、在所に君臨し、公儀が容易に介入しがたい小世界をかたちづくっていた。こうした性格は、山方になればもっと明確に、後まで残された。寛文二年（一六六二）の相模国津久井郡鳥屋村の百姓訴状は、「名主清左衛門我まゝ仕り候ニ付書付を以て申し上げ候事」という事書をもっているが、このうち一ヵ条に、

一郷中百姓を、一年ニ六百人余歳ニ遣い、その上定使を以て御ふれ、薪一駄宛取り申され候御事

と、居村一帯に「すけ」（手伝いの夫役）をかけ、家父長制的支配をおよぼしていたことがわかる（『一揆集成』第一巻）。

我儘は、こうした家父長制的に編成されている在所のなかで、そこに君臨するものが無体な行為をおこなうことを非難したものであった。理非や公私にかかわる文言ではなく、自在な行為で小世界の秩序をみだすという意味をもつ我儘文言が、この時期非難文言として多用されたのは、偶然ではなかろう。

名主の行為を我儘として、これを非難しつつあらわれてくるのは、村中・百姓中の相談であった。寛永十九年（一六四二）の武蔵国足立郡植田谷本村の百姓訴状では、名主が割付を百姓にみせず、「壱人ニて」割るので、申し入れたが、ついに「百姓相談」もなかったことを我儘・無体と非難している（『一揆集成』第一巻）。また寛文七年（一六六七）の下野国河内郡上横田村の組頭たちの訴状では、冒頭に寛文五年（一六六五）に宗門改めのために、はじめて設けられた組頭に、公儀御用なども命じられたことをふまえて、肝煎に申し入れても、肝煎が「我か儘者」で「諸事の相談まかりなる間敷」と我儘の数々を訴えている（『栃木県史』史料編近世1）。

我儘の成立と村秩序の変容

村中・百姓中が名主の我儘を非難しつつ、村運営における相談と帳簿披見をもとめる動きは、名主により編成されている在所の家父長制的秩序を組み替え、小百姓的秩序に名主・村役人を包摂していこうとするものであった。寛永十五年（一六三八）、和泉国日根郡日根野村の八名の庄屋が、「庄屋のさほう小百姓一円ニ仕らず」として、小百姓が年寄給を「庄屋給と新儀ニ申し逢い候儀、偽り」と訴え出たように、一七世紀中葉までは、名主・村役人側が小百姓の新儀を訴えるばあいが、案外多いのも、あたらしい秩序形成が小百姓側からなされたことをしめしているといえよう（『泉佐野市史』史料編）。それが多くのばあい、我儘非難でとどまっていたのは、小百姓そのものの成長が十分ではなく、家父長制的秩序を克服できないままに、非難がおこなわれたためである。名主が編成している在所の小世界に包摂されている小百姓が、当面、これを前提に、その内で無体にあつかわれて迷惑したことを訴えるときに、我儘が非難文言として登場したのである。

私欲の成立

　我儘《わがまま》の文言《もんごん》は、一七世紀後半にひろく浸透していった。いっぽうこの過程で、村方《むらかた》騒動文書の非難文言は、しだいに多様さを増すようになり、豊かになっていった。

非難文言の多様化

　一七世紀前半までは、一般に迷惑・取込《とりこみ》以上の非難文言をもたない訴状などが多かったのにたいし、一七世紀後半には我儘を中心に非分・「非儀」・「非道」・「理不尽」など理非にかかわる表現や「徒《いたずら》」・「偽《いつわり》」・「奢《おごり》」・「悪事」など我儘行為をより具体的にした表現、無体や「自由」・「我意」などほぼ同義の表現、「わたくし（私）」・「私欲」など公私および欲にかかわる表現などに非難文言がひろがっていった。

我儘を基軸としながら、非難文言が多様化していく状況は、その後もつづくのであるが、こうしたなかで、あらわれた現象は、我儘の比重の低下と使用の位相の変化であった。一七世紀中葉までの村方騒動では、訴状のなかで量的にも、またそのしめる位置においても、我儘が他を圧倒していたが、やがて非難文言の多様化にともない、比重が低下していった。一七世紀末には、理非にかかわる表現や、我儘行為をより具体的に表現する文言が定着するようになり、その分だけ我儘文言を使用する範囲が限定されたのである。いっぽう一七世紀中葉より我儘が百姓方の訴状だけでなく、村役人の返答書などで、訴訟の発頭人などを非難してひろく使用されるようになった。上位のものが下位のものを非難する文言には、我儘・徒のほかに、騒動を「たくみ」とか新儀や偽を申し掛け、「悪人」などが、ひろくつかわれるとともに、「我意をいう」などの表現があらわれた。我意はやがて「我意申し募る」(『一揆集成』第五巻、三一書房)などと近世後期の我儘者——代表的表現として、小《こ》賢《ざか》しきもの——を非難する文言となっていたのである(白川部達夫「幕末維新期における村方騒動と主導層」、地方史研究協議会編『茨城県・思想文化の歴史的基盤』雄山閣出版)。

私欲文言の登場

いっぽう一七世紀末から定着をはじめ、近世後期にひろがっていく非難文言として私欲があげられる。私欲は、儒学の用語で『春秋左伝』

にすでにあるが、日本で重要な概念となったのは、朱子学が伝わってからである。朱子にあっては、人欲の私は、人間一般の人としての欲求で、普遍的な天理からみれば、せまく偏っているといった意味にすぎなかった。しかし日本の朱子学では、人欲を私欲と等置し、公にたいし一個人の利益だけをはかろうとする欲望と、完全に否定的に理解されて受容された。利欲とほぼおなじ意味合で、使用されたのである（安永寿延『日本における「公」と「私」』日本経済新聞社）。

朱子学の受容とむすびついていたことでもあきらかなように、私欲は中世末より知識人のあいだで、使用がはじまり普及していった。それは公儀が、その対極に私を措定しながら成長する過程とほぼ並行しているといってもよい。

公儀と私欲

『官地論』は、加賀の一向一揆による富樫政親《とがしまさちか》の追討を主題とした戦国戦記の一つである。このなかで一揆方が富樫政親に答えた返書で、「然《しか》るに、君これに返して苛政を造作し、古を変じて常を易《か》ふ、宗を強くして姦《かん》を聚《あつ》む。故に位無くして尊き輩《やから》、威を上下に震ひ、私欲を重んじて非法を行ふ。これ何の謂《いい》ぞや」と政親の苛政を論じている（日本思想大系17『蓮如・一向一揆』岩波書店）。ここでは、政親が姦臣を重用したため、かれらが私欲の非法をおこなったとしているのである。

この『官地論』は、一名『富麗記』という一六世紀末あたりの成立とされる本と、寛永十六年（一六三九）書写の奥書をもつ一名『加賀国中古記』という本とがある。この私欲をふくむ「然に」以下の引用部分は、『富麗記』にはなく『加賀国中古記』にある部分で、戦国期にはあまり使用されなかった私欲の語句が、寛永期には、儒学の知識を身につけたものが、公儀を考えるさいに、比較的普通に使用するようになったことをしめす例だといえよう（大桑斉「『官地論』の思想」、高澤裕一編『北陸社会の歴史的展開』能登印刷出版部）。

徳川家康の側近にいた大名松平康重の家老石川正西は、万治三年（一六六〇）に八七歳で、彼の直接目撃した体験を『聞見集』にまとめた。このなかに「駿河の内島田の代官、年貢米升の上を高のせておさめ取て、そののりめの出目の米をは私欲に仕り候を、百姓ども迷惑かり家康様御通りの時御目安を指し上げ申し候」とあり（『埼玉県史料集』第一集）、私欲が取込と同様な意味で使用されていることがわかる。取込とせずに私欲としたのは、それが公儀にたいする不正行為という点を強調しているためであろう。

村方騒動文書に私欲文言があらわれるのは、寛永七年（一六三〇）に京都の金地院が大坂町奉行へ提出した、同領河内国若江郡八尾西郷村の名主の追放を訴えた「七郎右衛門罪名の条々」と題する文書がはやいものである。「いたつら者」の名主の所行を九ヵ条の目安で訴えたなかに、在所に昔からあったため池を埋めて「田地にいたし、私欲仕り候故」水下の百姓が迷惑したとしている(『一揆集成』第一巻)。この訴状は金地院内の用人ともわれるものの名前でだされており、百姓の書いた訴状とはことなって、非難文言を多様につかいこなしているのが特徴であった。

私欲文言の定着過程

私欲文言は寛文期(一六六一〜七二)には、各地でつかわれはじめた。寛文二年(一六六二)陸奥国会津郡南山領の百姓が郡奉行の不正を訴えた訴状(『田島町史』第六巻下)、寛文四年(一六六四)大和国城上郡芹井村百姓の訴状(『桜井市史』史料編下巻)、寛文五年(一六六五)武蔵国榛沢《はたさわ》郡寄居町百姓訴状(新編『埼玉県史』資料編一四)、寛文五年(一六六五)駿河国志太郡吉永村の川尻分庄屋・百姓訴状(『一揆集成』第一巻)、寛文十一年(一六七一)遠江国周智《すち》郡浦川の内川上村の百姓訴状(『一揆集成』第一巻)などにみとめられる。しかしこの段階では、訴状はいずれも相応の知識をもつ上層の百姓か、あるいはその関与のもとに書かれていることはあきらかで、小百姓にまでひろがっていたとはみられない。一般的な傾向として、小百姓の訴状では、一七世紀末になるまで我儘や非分などの表現が優勢で、私欲をふくめて「私」系列の文言の使用例はあまり多くなかったといっても、さしつかえないと考えられる。

私欲文言が村方騒動の非難文言として、小百姓訴状に定着をはじめるのは、一七世紀末ごろからであった。元禄二年（一六八九）の河内国茨田《まむた》郡守口村の小百姓四五人の訴状は、事書につづいて「私ども儀ハ河内守口村小百姓どもニて御座候」とはじめる特徴ある書き出しをもっているが、その目安書の第一ヵ条目には

一守口村庄屋八兵衛数年の捌《さば》き我儘ニいたされ迷惑に存じたてまつり候、然《しか》れども纔《わずか》の小百姓ニ御座候へハ、御公儀様へ申し上げ候儀恐れ多く存じたてまつりまかりあり候へども、余り大分の私欲をいたされ、その日暮しの小百姓ども守口に住宅もなり難く、先《ま》づ以《もっ》て御公用も勤め兼《か》ね候様ニまかりなり候ニ付、恐れながら御訴訟申し上げ候御事

とあり、私欲文言が使用されている（『一揆集成』第一巻）。この訴状は一四ヵ条からなり、私欲は取込の数々を一般化して、非難するときにもちいられている。この訴状をどこまで、小百姓のものとできるか、なお検討が必要であるが、私欲文言がこのころから、ひろく一般に普及しはじめていることは、ほかの訴状に多くあらわれてくることからも、いうことができる。

元禄期の小百姓訴状についてのみあげておくと、元禄三年（一六九〇）陸奥国大沼郡桑

原村の惣百姓訴状（『一揆集成』第二巻）、同四年（一六九一）豊後国日田郡藤山村百姓一二名訴状（同前）、同五年（一六九二）上総国天羽郡金谷村組頭・惣百姓訴状（同前）、同九年（一六九六）駿河国益津郡浜当目村百姓訴状（同前）、同十三年（一七〇〇）常陸国筑波郡筑波町百姓六名訴状（『筑波町史』史料集、第一一篇）、元禄十五年（一七〇二）常陸国筑波郡沼田村惣百姓車連判訴状（同前）などほぼ全国で一般的に使用されていることがわかる。私欲文言がじっさいに多くなるのは、一八世紀はじめ以後で、それが村方騒動の中核的観念として展開されていくのは、一九世紀におよぶかなり長期の過程であるが、とりあえず一七世紀末から一八世紀はじめに、その端緒的成立をみとめることは可能であろう。

私欲と取込

村方騒動文書のなかの私欲文言は、取込に近い意味でつかわれている。たとえば享保六年（一七二一）相模国愛甲郡煤ケ谷村名主・百姓にたいする申し渡しの請書で、「無尽取り立て、乾金壱分ツ、掛け候処、その以後沙汰もこれなく私欲ニいたし候由」（『一揆集成』第二巻）といったばあい、取込と同義に使用されているといってよい。しかし私欲と取込の言語領域は大きく重なり合いながらも、基本的な点でことなっている。宝永二年（一七〇五）甲斐国八代郡米倉村の惣百姓訴状は、同一目安書のなかに、取込と私欲の文言が頻繁に使用されていることが特徴である（『一揆集成』第二巻)。「名主給籾まで駄賃取込、私欲仕り候御事」「取込候利金中つもり合、亥ノ年より四拾九両三分余私欲ニて御座候御事」などとあるのがそれであるが、取込が行為を説明しているのにたいし、私欲はその行為を価値評価しているのである。取込が取るという行為を指摘するところから、その行為の不当性の追及におよんでいるのにたいし、私欲は価値判断から出発して、行為そのものを表現する方向をしめしているといえるであろう。取込が米銭の取得など、具体的な事実にむすびついてもちいられやすいのにたいし、私欲が取込の数々を一般化して非難するときにもちいられたというのも、この点にかかわっているのである。一八世紀前半までは、私欲が取込と同義か、あるいはこれをふくみこむように使用されることはすくなく、両者の使い分けが案外に正確におこなわれていることが多い。その後、取込文言の使用が減少するにつれて、私欲が取込をふくみこんで使用されていったと考えられる。また取込行為の不当性をよりつよく訴える押領文言がひろまり、取込文言にかかわったことも、取込文言の比重を低下させていった。

私欲と我儘の共通性

私欲と我儘も、密接な関係をもっている。元禄十五年(一七〇二)常陸国筑波郡沼田村の惣百姓が名主を訴えた車連判訴状のなかには、連続する二ヵ条の目安書のなかに、それぞれ私欲と我儘の文言がつかわれている。前条は名主が用水堀にかけた橋の古材を薪《まき》として、つかってしまったことについて、「か様なる私欲仕り、百姓のためニハまかりならざる我まゝいたされ、迷惑仕り候御事」とし、つづく後条が、日照りのさい寄合の定にかまわず、自分の田に引水をしたことについて、「左様なる我まゝ仕り、百姓のためニハかまわず私欲仕り候御事」としているのがそれである（『筑波町史』史料集、第一一篇）。両条とも我儘が行為としてつかわれ、私欲がこれを価値評価していることに、かわりはない。あるいは我儘は取込にくらべて、価値評価の意味合をいっそうつよくもっているから、我儘と評価したものを、より高い価値次元で私欲と位置づけているとみることも可能である。ところでそれぞれの箇条の文脈のなかで解釈を完結させず、二ヵ条をくらべたばあい、前条と後条では我儘と私欲の位置が、まったく逆になっていることが注意される。ここでは我儘と私欲が入れ替わっても、意味がほとんどかわらないものとして使用されているのである。

私欲と我儘の共通性という点では、我儘が人の資質を問題にしたのと同様に、私欲も人格的側面について、使用されることがあったことがあげられる。正徳三年（一七一三）陸奥国田村郡菅谷村惣百姓訴状で、庄屋を「源兵衛私よく者ニ御座候故」としているのはこれにあたる（『滝根町史』第二巻）。また正徳五年（一七一五）美濃国本巣郡高屋村の惣百姓訴状では、名主を「我儘者」としたうえで、「我儘ニ納米売り払い、自分の私欲仕り」「役米出し申さず候、自分の私欲」としている（『一揆集成』第二巻）。「自分」、すなわち一己の欲をはかる行為が私欲で、公的世界にたいし個人性において人の資質が否定的に評価される点で、我儘と私欲は基盤を共有しているといえるだろう。

私欲と我儘のちがい

私欲と我儘は一定の共通する領域をもつが、しかし我儘が他の迷惑をかえりみず、自己の欲望を充足する行為にとどまるのにたいし、私欲はこうした行為を公私の世界の文脈でとらえたときに成立するという点において相違している。これはなにも我儘が対極に公的世界を想定していないということではない。村役人の我儘を迷惑と非難して訴訟する行為自体、非難においても訴訟行為においても、公的世界を想定してのことである。しかしその対置の仕方は、即自的であり、私欲のように公私を明確に分離したうえで、相手をその私性において、一己の欲をはかるものと決めつけるようなものではなかったのである。

私欲は我儘にたいし、公私を明確に意識しているうえで、あたらしい展開をしめしているのであるが、非分の理非を判定するという方向ではなく、この点では、我儘と同様な情緒的非難にとどまった。しかしこれをもって、理非判定の法秩序の後退とするのは十分ではない。おなじ時期に、並行して非分・非道・非法・非儀・理不尽などの非分系の非難文言の用例はむしろ、豊かさを増しており、理非をもとめる意識は、底辺の民衆にまで達したとみられるからである。たとえば正徳四年（一七一四）の信濃国筑摩郡大足村の百姓訴状では、「理不尽なる私欲仕り」と庄屋を非難しており（『一揆集成』第二巻）、私欲を意識的に理非判断の文脈でとらえようとする表現もおこなわれたのである。

私欲の位層の重層性

私欲のはたらく空間について、元禄十三年（一七〇〇）常陸国筑波郡筑波町の百姓の訴状は、その第一ヵ条目で名主の年貢宥免分の取込を指摘して、「御当代の儀ハ御先代ニも御座なく候御慈悲御立て遊され候得ども、長左衛門上を掠《かす》め下ヲ苦め私欲仕り候」と非難している（『筑波町史』史料集、第一一集）。ここでは私欲は上下、領主と百姓のあいだに介在して、年貢取り立てとお救いの、あるべき姿を歪めるものとしてあらわれている。公儀が、私欲文言を代官・村役人にたいしてもちいるのも、同様な文脈で理解することができる。この訴状は、第一条目しか私欲文言はないが、他の七ヵ条は町の入用にかかわる取込や用水の問題で、ここでは我儘・取込の文言が使用されている。公儀・領主と百姓とのあいだの取込を私欲とし、百姓の内部の問題を取込・我儘で表現するという秩序観をそこに読みとることが一応可能である。ここに私欲が措定する公的世界の一つの極があるといえる。

しかし私欲が措定する公は、むしろ百姓の内なる世界のものであった。筑波町の隣村の常陸国筑波郡沼田村の元禄十五年（一七〇二）の惣百姓車連判訴状は、この点では対照的である（『筑波町史』史料集、第一一集）。ここでは名主の役負担、引石、定夫給、水論の負担割り掛け、用水運用、用水普請銭の取込などを訴えている。基本的には百姓内部の問題であったが、私欲文言が一一条中三ヵ条につかわれている。とくに日照りに村寄合の決定を無視して、水を引いたことにたいし、「左様なる我まゝ仕り、百姓のためニハかまわず私欲仕り候御事」としているのは、私欲が公なるものとして「百姓のため」を対極に措定していることをしめしていて注目される。訴状が、こうした構想のもとに作成されたことは、その第一ヵ条目がよくしめしている。ここでは、百姓の迷惑を訴訟しようとしたが、「上々様えも御難儀を懸ケ、下の百姓もこんきう仕る」ことなので、差し控えてきたこと、しかしそれにもたえられず訴訟する旨がのべられ、名主・組頭については惣百姓願に命じられれば、「村も納り百姓介《たすけ》ニ罷りなる」としている。筑波町の訴状が、「上を掠め下ヲ苦め私欲仕り」と、私欲が上下双方にかけられているのにたいし、ここでは領主は訴訟の取り調べで難儀するのであり、私欲により掠めとられる位置をあたえられているわけではない。私欲で迷惑しているのは、あくまで百姓で、その排除により「村も納り百姓介ニ罷りなる」のである。

非難文言と村の公

ここで「百姓のため」であらわされた百姓の公的世界は、このころから村方騒動文言に「村中の為」「村の為」と、表現され、やがて一九世紀には「村為」として定着する意識とおなじ基盤に立つもので、公儀・領主への「御為《おため》」と一対になっていた。一七世紀末より一八世紀はじめには、村役人は百姓仲間の立てたものという意識がつよまり、百姓のため村のために行動することが期待されるようになる。村役人がこれにこたえれば、「村も納（治）」まるのである。村役人は村の治まりのよいものでなければならず、勤方は「正直」に非分・我儘・私欲などがあってはならないのはもちろん、「気かさ（嵩）」「かさおし（嵩押し）」「権威」の振る舞いも批判の対象となる。公儀にとっても「百姓と順誘和合ニこれなき名主ハ無用」でさえある。これが破られれば百姓は「正路」の支配をもとめて訴訟をおこすことになる。「村之騒動」「村騒動」などとしてあらわれたものが、やがて一八世紀にはいると「村方騒動」となっていく。以上は、一七世紀末から一八世紀はじめにかけて、あらわれた村方騒動文言のなかから、主要なものをとりあげて、再構成したものであるが、私欲文言の成立はこれだけの文言の成立と展開を、すなわち百姓世界意識の展開を背景としていたのである（『一揆集成』第二巻）。我儘から私欲への移行には、その背後に、名主が家父長制的に編成している在所の小世界が解体され、百姓仲間の村が形成される動向があったのである。

私欲と請戻し・頼み

以上のような私欲文言の展開にみられた正当性の成立と、人と土地とのかかわり、人とひととのきずなの近世的なあり方は、一七世紀末には、たがいにむすびあって、一つの村の公（公共）像を創りあげた。そのことを端的にしめすのが、元禄四年（一六九一）豊後国日田郡藤山村の百姓一〇名が、庄屋の山野の押し取りなどの我儘を幕府代官に訴えた訴状である。その最後の箇条に、

一村中百姓田地壱町七反余り源左衛門押し取り申され候、庄屋情けある人ニて候ハヽ、年□を以て私ども請□　□もいたさるべく事ニ御座候得ども、私欲つよく候ゆへ、少宛の借銀借米を以て大分の利を加へ、元利算用仕懸ケ押し付ケ田地取り申され候、去《さ》り迚《とて》ハ邪心なる仕様ニて、末々不頼母敷気□ニ存じたてまつり候御事

とある（『一揆集成』第二巻）。ここでは百姓は庄屋が一町七反余の田地を押し取ったことを指摘して、庄屋が情けのある人物なら、土地を（請け戻させもするのに）、私欲がつよいので、かえってすこしの借銀米に高利をくわえて田地を押し取った。このような邪心の

ものでは、末々まで頼もしくないとのべている。これにたいして庄屋は、田地は正当に買い取ったもので、百姓には頼母子講を組織して、融通につとめていると反論している。

村内で富裕なものが、田地の売買と請戻しが可能な、適切な融通機能をはたすことで、百姓の相続がたすけられ、それにより村役人や富裕なものは、頼もしきものとして役割をはたし、人望をつなぎ社会的権力を維持できる。いっぽうこれにそむくような、高利により富を蓄積するものは、私欲のものとして非難される。村役人などの社会的地位や蓄積した富の正当性が疑われ、非難と制裁の対象となる。そのようなかたちで、近世の村社会は、富とヘゲモニーと正当性の関係構造をひとまず形成した。それはたぶんに村役人などの、人の徳性に依存するという限界をもっており、頼みがまかせに転化して、やがて従属に帰着しかねない、きわどいものであったが、それでもいっぽうで、私欲文言のような社会的な非難が成長して、つねにその進行を抑制した。こうして両者がせめぎあいながら、全体としてみれば、近世の村は公共性をつよめていくことになったのである。

近世の公儀権力は、こうした動向にこたえることで、自らの公を百姓世界に接続させているといえる。これは百姓世界だけでなく、さまざまな社会集団の世界についてもいえることである。公儀はこれらの諸社会集団がその内部から私欲批判を形成させるような自律的な公秩序の展開をふまえて、これをつつみこむ自らの世界を形づくっており、そのことにより、諸社会集団を御為《おため》へと動員する正統性を確保したのである。

私欲のゆくえ

私欲のゆくえ

一七世紀末より一八世紀はじめの、小百姓の台頭と百姓世界の確立のなかで出現した私欲文言は、やがてその解体とともに、あらたな展開をみせるようになる。近世社会全体のかかわりからいえば、それは天の思想などとむすんで、公儀の正当性の相対化という方向をはらむことになるが、そのことは後にゆずって、ここでは百姓世界の内部におきた変化と展望について、簡単にふれておくことにしたい。

打ちこわしと私欲

一八世紀後半にはいると、小商品経済の進展とともに、農民層の分解が開始され、小百姓的な構成にもとづいていた近世の村も、変容していかざるをえなかった。ことに地主・村役人の高利貸しや、諸営業による富の集積がすすむと、一揆・打ちこわしのなかでも、これを私欲として排除しようとする動向が生じた。

宝暦十一年（一七六一）、信濃国上田藩宝暦騒動の一揆勢の訴状では、年久しくつとめる庄屋は自然と「私欲の盗み」をするとして、名主の五年交代制をもとめている（「上田縞崩格子」『日本庶民生活史料集成』第六巻、三一書房）。騒動は、やがて私欲の庄屋の打ちこわしに発展したが、世直し騒動の端緒をしめすものとして知られている。上田藩宝暦騒動では、権威押領の庄屋の私欲を制裁することが主題となったが、天明七年（一七八七）相模国津久井郡《つくいぐん》の土平治騒動では、もう一歩すすんだ展開がみられた。土平治騒動は、飢饉にあたって、米穀などを買い占めた酒造人をはげしく打ちこわした騒動であったが、その一揆物語である『渡辺土平治騒動記』は、酒造人の買い占め行為を私欲ととらえ、これを打ちこわし、「万民を助」けるということを主題としている。土平治が鎮圧にきた役人にだしたとされる始末書では、相応に暮らすものは、飢饉にはこころざしとして、ほどこしもおこなわねばならないのに、米穀の買い占めに走り、困窮人の救荒食料まで集めて焼き捨て、米穀の高騰をはかったと、その私欲の行為が非難されている（『一揆集成』第六巻）。この騒動記は、文政九年（一八二六）に書きとめたという本が伝わっており、物語は一九世紀はじめには、成立していたと考えられる。天明七年（一七八七）の騒動の実態がどうであったかは、ここでは問題ではなく、一九世紀はじめの打ちこわしの思想として、万民の助けという意識が導入され、私欲に対置されていることが、重要だといえるであろう。慶応二年（一八六六）の奥州信達両郡の世直し騒動は、物価高騰にくわえ、幕府が生糸と蚕種の改印制度を創設して、統制と冥加金の徴収をはかったことを発端にしておきた騒動であった。この騒動の参加を呼びかけた、著名なわらざ廻状では、三人の豪農が「私欲に迷ひ、新規に元□絹糸並びに蚕種役差し出し様相通立、これまた両郡難渋甚敷く右三人の者は能々承引の上その儘に差し置かず」と非難された（「信達慶応騒擾実記」、『日本庶民生活史料集成』第六巻、三一書房）。また打ちこわしにあたっては、「やあ〳〵者ども火の用心を第一にせよ、米穀は打ちらすな、質物へはけっして手を懸けまじ、質は諸人の物なるぞ、また金銭品物は身につけるな、この働きは私慾にあらず、これは万人のためなるぞ」と、万人のための打ちこわしとして、私欲を否定した自己規律を呼びかけたこともよく知られている（「奥州信夫郡伊達郡の御百姓一揆の次第」、『日本庶民生活史料集成』第六巻、三一書房）。私欲文言の打ちこわしの論理における到達点が、ここにあるといってよい。

下肥訴願と私欲

一八世紀末より一九世紀はじめには、下肥《しもごえ》訴訟や国訴などの広域訴願のなかにも私欲にかかわる文言がひろまった。これらは小百姓に小商品生産がひろまるなかでおきた広域訴願運動であることに特徴があった。寛政元年（一七八九）、江戸の周辺の村むらは、武家屋敷・町屋の下肥掃除代の高騰に苦しみ、その値下げを願い出たが、翌年には、その参加村数は武蔵・下総一〇一六ヵ村におよぶ大訴願運動となった（伊藤好一「江戸周辺農村における肥料値下げ運動」『関東近世史研究』七号）。この運動では数回の下掃除についての百姓の議定が作成された。寛政元年（一七八九）の下掃除議定一札では、下肥の高騰の原因を掃除場の権利を私欲で競り買いするものがいるため、値段が高騰するのだとして、これを禁止しようとしている。この議定を破ったものについては、百姓仲間をぬき、なお議定にしたがわないものは、「三拾万石余」の一同惣代が、訴訟をおこすときびしい警告をおこなっている（『川崎市史』資料編2）。ここでは町方に下肥の値下げをもとめつつ、「三拾万石余」の百姓仲間として、仲間の競り買いを私欲として抑制しようとしている。

国訴と利欲

いっぽう国訴は、大坂周辺の百姓が菜種・木綿の自由販売、肥料の干鰯《ほしか》の高騰に反対して、千数百ヵ村が国単位で連合しておこした訴訟運動で、小商品生産の発展にともなう民衆運動のもっとも先端の水準をしめすものとして注目されている。このうち文化二年（一八〇五）の菜種売りさばきについての摂津・河内両国の国訴では、河内の北条相模守・秋元但馬守・高木主水正領分八六ヵ村の領主にたいする願書のなかに、「油屋ども一己の利欲のみニ拘《かかわ》り、菜種取り入れ候時節より油屋ども申し合セ、時の相場より値段引き下ケの儀を申し究め」と、油問屋・仲買が安値の買付けを議定したことを非難している部分がある（『一揆集成』第八巻）。このさいの国訴状は、「菜種買い方不正道ニ付指し支え願」とされ、油稼仲間が不正道の買い方をすることが批判され、「正路の値段」で「正道の売捌《うりさばき》」を要求した。国訴状は正・不正観念が基軸になって構成されているが、その背後には「一己の利欲」にたいする非難があったのである。利欲文言は、その後の国訴状に引き継がれて、その非難文言の重要な要素となった。

私欲が公や共にそむくことをつよく意識しているのにたいし、利欲は貪欲、己の利益にふけるということにとどまり、私欲ほどはその意識がつよくなかった。私欲と利欲の文言を厳密に区別することは、じっさいにはむずかしいが、そこにあたらしい領域が開かれている可能性もある。私欲文言を知らないわけではないのに、国訴にあたって利欲の表現がえらばれたのは、相手を私欲として、一方的に悪と措定する打ちこわしの論理とことなって、国訴は百姓の利と株仲間商人の利との競合を前提に構想されており、利の存在そのものは否定されていなかったことが重要だと考えられる。国訴は株仲間商人の市場独占を「一己の利欲」と非難するが、いっぽうで幕末期には、「百姓ども儀は、第一欲徳ニ拘リ申さずては、何レモ百姓相続出来申さず」と、公然と百姓の欲をみとめさえした（『豊中市史』史料編3）。国訴の主張は、百姓の利と株仲間商人の利の競合を「自然の相庭《そうば》」（『一揆集成』第一五巻、三一書房）の解決にまかせよとすることであったが、その「自然の相庭」の機能する場所は、利と利のぶつかりあう世界であり、手広の売買をもとめる百姓はここで自らの利を追求せざるをえない。またその場所は、百姓や商人などの世界が接触する境界領域であり、それぞれの世界の公や共にそむくという論理が、そのままでは通用しない開かれた世界であった。国訴の背後にある社会関係は、以上のようなものであり、そこに利欲文言の存立の基盤があるとするならば、それはやはり私欲文言ではとらえ切れないものだったのだという見通しがえられるのである。

小商品生産の展開と非難文言

下掃除議定の競争抑制の論理と、国訴の独占排除の要求とは、一見相反する論理のようにみられる。しかし小商品生産者化しつつある民衆が、自らの世界の外側にたいしては、その生産・生活の発展を阻止する特権的な市場の独占の廃止をせまる反面、内側にたいしては、その存在を危うくするような行き過ぎた競争を排除しようとすることは、むしろ普遍的にみとめられると考えるべきであろう。

一九世紀の私欲文言の存立状況は、百姓の小商品生産者化の進展とともに、村の変容がすすんだことを背景に、小商品生産者化した民衆がその生産・生活の発展のために、なお村の共同性を必要としたなかにあった。現実には村共同体の解体が、自らの小商品生産者化によってすすむのではあるが、その小商品生産者性はただちに、豪農や都市の商業資本の収奪のもとに、没落の危機にさらされる。こうした状況のなかで、小商品生産者としての民衆が共同性に依拠しようとしたばあい、当面それは伝統としてあたえられている村の共同性への回帰となる。しかしもはやそれは、村為とあらわされたような村の公に、とどまっていることはできない。より普遍的な場で公と共が問われ、そこに私欲文言のひろがりがみられたのである。そこに正・不正という、より普遍的な意識があらわれる可能性も開かれていた。

通俗道徳と私欲

ところで民衆は、一九世紀をつうじて、勤勉・倹約・正直・孝行といった通俗道徳をきびしく実践する自己鍛錬の過程をへて、近代社会を下からささえる主体として、自己形成をすすめた（安丸良夫『日本の近代化と民衆思想』青木書店）。そこでの民衆の自己鍛錬の確信は、社会批判に展開し、私欲批判の拡大をささえた。しかしいっぽうで通俗道徳は、自己の実践道徳として、はじめて意義をもったから、他者へむかう非難について、きびしい自己規制をともなわざるをえなかった。二宮尊徳は、桜町仕法の対象となった村について、「徒《いたずら》に小利を争ひ公事訴訟止む時なく、男女酒を貪り博奕《ばくち》に流れ、私欲の外他念あることなく」「里正は役威を借り細民を虐たげ、細民はこれを憤り互に仇讐の思ひをなし、稍々損益を争ふに至ては忽《たちま》ち相闘ふに至れり」と回想している（富田高慶『報徳記』農商務省版）。小利をあらそう私欲の公事訴訟について、きびしい批判をいだいていたのである。私欲批判の批判とでもいうべき意識が生まれていたといってよいであろう。これらは一八世紀末から村方騒動に当面した村役人が、訴訟方を利欲・私欲で徒党を結び訴訟をおこし、村方衰微の基となると批判した状況と、おなじ基盤に立っていた（『一揆集成』第六巻）。それだけに村落の上層農民に受け入れられやすかったが、通俗道徳はこれを内実化したのである。社会的解決にむかう方向を、私欲として否定して、通俗道徳の実践をすすめたばあい、それはいちじるしく精神主義的なものになり、それでもなお没落するものを、怠惰と失敗者として切り捨てることになる。切り捨てられる側は、宗教的救済にむかい、いっそうはげしい現状否定の思想を育てるか、ニヒリズムに落ち込んでいかざるをえなかった。

「近代化」の意識と私欲

いっぽう支配イデオロギーの側面からいえば、一八世紀にはいると人欲の存在が否定しえないものとして、みとめられるようになり、経世論のなかでは積極的に欲望が肯定されるようになっていった。しかし経世論においての展開した合理的思考は、対象を客観的に把握する側面ではすすんでいたものの、対象に働きかけ変革していこうとする主体意識をほとんどかいていて、社会変革の論理にはほど遠かった（宮城公子「変革期の思想」、『講座日本史』4、東京大学出版会）。そこに朱子学が実学として復興して、国学とならぶ変革意識となる基盤があったのであるが、水戸学などのなかにさえ経世論の実功実利や、政治の「術」を重視する思惟様式は継承され、重要な位置をしめた（安丸良夫『日本ナショナリズムの前夜』朝日新聞社）。建前としては、私欲をさることを徳目としても、民心掌握を意識したばあい、民衆の欲を組み込まないかぎり、もはや政策の実行性は、確保されなかったのである。通俗道徳の実践者とちがって、民衆からはなれたところで、民心掌握に腐心しなければならない、支配イデオロギーの矛盾であった。

やがて成立した明治国家は、啓蒙主義をつうじて、民衆の私と欲を公認し、立身出世の枠組みによりこれを国家に統合しようとしていく（石田一良「明治の精神」、同編『日本文化史概論』吉川弘文館）。私欲を立志に組み替えることで、近代国家の国民統合がめざされたのである。いっぽうで民衆のなかに私欲批判の批判が一定の説得力をもって定着し、いっぽうで国家により、私と欲が公認されるなかで、私欲批判は近代化からとりのこされた民衆の意識の深層に伏流した。しかしそれは消えてしまったのではなく、時には危機にのぞんであらわれて、するどい想像力を喚起した。

百姓の「自由」

訴と村方騒動・百姓一揆

公儀と百姓

以上、のべてきた近世百姓の所有、社会結合、正当性意識の個性的あり方は、百姓世界をそれとしてなりたたせている基礎となっているものであった。つまり内側の自律的秩序に注目して、百姓世界の基層を描くことをこころみたのである。そこでここでは、この百姓世界を前提に成立している領主・公儀とのかかわりで、その位置を検討することにする。そのばあいこれを、百姓の「自由」という切り口から問題にする。領主に支配されている百姓が自由だというのは、矛盾する表現のようにみえる。しかしそれは、近代の市民的自由の観念を前提にしてみるからにすぎない。ゲルマンの古語では、「自由とは保護されていること」という本質的意味をもっていた。自由

自由ということ

と保護、そして自由と従属は、歴史の上では、相互の緊張をはらみつつ両立する。近代では、身分制からの解放された市民が、自然状態における自由で独立した個人というフィクショナルな存在を前提に、国家と社会のイメージを創りあげた。そこでは人間の自然の権利として、絶対的な自由が想定され、身分制にともなう従属から、決定的に決別した自由が、構想されることになった。いっぽう前近代では、自由は諸身分のもつ固有な権利・特権と、それにもとづく自律性・正当性の主張として存在しており、それは身分的な従属のなかで、保護されていることと両立していた。そしてここでは、自由であることは、平和のなかで安全を保障されていることと、表裏の関係をもっていた（堀米庸三『ヨーロッパ中世世界の構造』岩波書店）。以上のことを念頭に、近世百姓の自由がどのような構造と水準をもっていたのかを検討してみよう。

中世農民の自由と自力救済

日本の中世において、百姓は公民の末裔として、武家領主の支配から自由な民としての性格をつよくおびていた。百姓は、年貢を完済すれば、領主のもとをはなれて、自由に居所をかえることがみとめられていた。これを百姓居留の自由と称して、中世百姓の身分的特権だとする観念がひろくおこなわれていた（入間田宣夫『百姓申状と起請文の世界』東京大学出版会）。また百姓にかぎらず、垣をめぐらし門を備えた屋敷は、アジール（待避所）としての神聖性をつよくおび、国主・領主といえども、そこにゆえなく踏み込むことはできないと意識されていた。そこでは主人が家長として、イエの平和を自ら維持する権利があり、無断で忍び込んだものを家内で殺害しても罪には問われなかった（勝俣鎮夫『戦国法成立史論』東京大学出版会）。また百姓が、武器をもつこともみとめられており、戦国期には、武士にかぎらず、農民や町人の子弟が一二～一七歳に達すると、刀・脇差し（両刀）をさして、成人となったことをしめす習慣があった（藤木久志『豊臣平和令と戦国社会』東京大学出版会）。一人前の大人とは、刀・脇差しをさし、自らと自らの属する集団の利害を、自力でまもることのできるもののことであった。こうした人びとは、親族や国郡・郷など地域的な連帯を背後にもって、自らの権利の侵害にたいして、国質・郷質などの人質の確保、仇討ちなど実力による同量補償（相当）、私戦などによりこれを回復しようとした。日常の紛争解決は、人びとの自力救済の能力にゆだねられており、仇討ちなどの報復行為や私戦、それ自体が正当な秩序維持機能と受けとめられていた。中世の一揆や惣村は、こうした人びとが横に連帯して築き上げたもので、外部にたいして結束して対抗するとともに、内部では相互に平和を保障する誓約集団としての性格をもっていた。

ゲルマンの自由農民

こうしてみると中世の百姓の自立性、自由はゲルマンの自由農民のような、きわだったものであったといえる。しかしゲルマンの自由農民についてさえ、奴隷所有農民の野蛮で陰惨な、家父長的自由にすぎないとする指摘があるように（椽川一朗「『神の平和』運動とドイツ農民の私戦慣行」『歴史学研究』五四七号）、日本の中世百姓の自由も、やはり苛酷な現実の水準に規定されていたことは、みとめなければならない。中世の百姓には居留の自由がみとめられており、一時的に居所をはなれて、年貢減免を勝ち取って還住に成功することもすくなくなかった。また逃散《ちょうさん》の作法など領主側もみとめざるをえない抵抗の様式の蓄積もあった（入間田宣夫『百姓申状と起請文の世界』東京大学出版会）。とはいっても、現実にそれを実行するには、大変な危険がともなった。

中世の在地社会と自由

中世の村落では、その周辺に正規の村落構成員として定着することができず、百姓の耕地を耕作することを請け負っていた小百姓・間人《もうど》などと呼ばれたものが多く存在した。かれらは、中世のイエとみとめられる屋敷はもたず、小屋に住んだ。そしてかならずしも、夫婦そろった家族を形成せず、孤住や父子・母子・兄弟などで不安定な生活をおくり、わずかな環境の変化で、転落・流浪せざるをえないのが日常だった。こうした流浪状況は、中世の農業と社会そのものの基本的性格の一部だったのである（黒田俊雄『歴史学の再生』校倉書房）。もちろん流浪の生活といってもさまざまで、なかには遍歴職人や商人、手工業者など芸能（職業）をもつものがあり、かれらによって領主に支配されない「公界《くがい》」の自由が主張されもした（網野善彦『日本中世の民衆像』岩波書店）。しかし職能集団に紛れ込むのさえ、容易ではなく、どの集団にも完全に属することができず、あれこれと流浪したあげく、孤独な死をむかえることなど、めずらしくもなかったにちがいない。それにたえられないから、人びとの多くは、下人として従属することをえらばざるをえなかったのである。百姓居留の自由は、こうした流浪化の危険と表裏のものであった。そして居留の自由を発揮するまでもなく、百姓の没落・流浪化は日常であり、それを流浪化したまま抱え込んでいるのが、中世在地社会の構造であった。中世末では、惣村の展開のなかで、小百姓の安定化が相当にすすんだとはいっても、近世になるまでこのことは基本的にかわらなかったのである。

いっぽう自力救済も、いったんことがおきれば侵害された権利や被害のバランスの回復（相当）がもとめられたので、双方が力を出し尽くすまで、あらそいがつづき多大の犠牲をだすことになった。相互に相手の田畑をあらし、家を焼くなどの抗争だけでなく、その費用負担の重さのため、後々までつづく貧困など自力の惨禍は、ときには耐え難いものになった（藤木久志『戦国史をみる目』校倉書房）。また自力を発揮できるものは、たしかに自立を保証され「自由」であったが、その力のないものや村も多くあった。むしろそうした実力のないもののほうが、ずっと多かったといってよいだろう。自力にかなわないものは、力のあるもののもとで過ごすしかなかった。自力救済もまた、中世の苛酷な現実を反映しているのである。

天下統一と惣無事令

戦国時代は、下剋上の動向とともに、自力救済の原理が広範に表面にあらわれた時代だった。しかしやがて統一の機運が高まると、各大名も家臣の喧嘩（私闘）を禁止するなど、自力の歯止めのない拡大をおさえつつ、自らの権力を確立しようとこころみるようになった。こうした動向のなかで、天下統一をはたし戦国を終焉させたのが豊臣政権であった。豊臣秀吉は、天正十四年（一五八六）、関東・東北にたいして「惣無事」を命じ、天正十八年（一五九〇）これにしたがわない後北条氏を滅ぼし、天下統一を完了した。「惣無事」とは、諸大名のあらそいを禁止し、それぞれの無事を保障するという趣旨の法令であった。惣無事体制のもとでは、諸大名のあらそいは私戦として禁止された。大名間に紛争があれば、天皇をいただいた天下人＝関白秀吉が公儀の立場からこれを裁き、したがわないものは、平和の侵犯を罪として討伐された。ヨーロッパで教会や君主が、騎士や民衆の自力救済にもとづく、仇討《あだう》ちなど私戦を禁止したラントフリーデ（帝国平和令）をだしたことにならって、豊臣平和令というにふさわしいものであった。

豊臣秀吉の天下統一は、武力の優位にもとづくだけでなく、人びとに平和と安全を保障することで、戦国社会を終焉させるという、統合の原理をしめすことによって確定した。豊臣政権は、惣無事をとなえることで、天下統一を正当化したといえる。

喧嘩停止と刀狩り

いっぽう惣無事の枠組みは、大名だけでなく、ひろく民衆にもおよぼされるものとして、構想されていた。民衆にたいしては、それは喧嘩《けんか》停止《ちょうじ》と刀狩りとしてあらわれた。喧嘩停止令の明確な原文は残されていないが、豊臣政権は百姓が武器をもって合戦争論におよんだばあい、天下喧嘩停止にそむいたとして下手人の磔《はりつけ》など、かなりきびしい処分でのぞんだ。また徳川政権にもこのことは受け継がれている。この喧嘩停止と並行して、天正十六年（一五八八）刀狩り令がだされた。そこでは、諸国の百姓が刀・脇差し・弓・鑓《やり》・鉄砲そのほかの武器を所持することを禁止すること。不要な道具をもち年貢を難渋し、一揆を企てるなどするものは成敗するとした。そして集めた武器は、大仏建立のためにつかうので百姓が来世でもたすかることになるとしたうえで、「百姓ハ農具さへもち、耕作を専《もつぱら》に仕り候へハ、子々孫々まて長久」なので、百姓にたいして「御あはれミ」をもって仰せだされることで、まことに「国土安全万民快楽の基」なのだとのべられている（藤木久志『豊臣平和令と戦国社会』東京大学出版会）。また同時に、太閤検地により年貢負担とともに作職が保障され、役負担の体系が形成されて、その負担をめどに百姓身分が町人身分から区分された。またこのころから領主はかわるが、百姓は土地についたものだとする百姓の身分にかかわる規定が、豊臣政権により打ちだされるようになった。それは当面、土地への緊縛規定であるが、その後、近世になると百姓側から、土地についたものとしての権利の根拠として、積極的に主張された。

諸国郷村掟

いっぽう徳川家康は、慶長八年（一六〇三）征夷大将軍となると、諸国郷村掟をだした。そこでは百姓の居留の自由がみとめられ、年貢について不満があるばあい近郷の取りを基準とすること、一般に年貢高下の直訴は禁止するが、人質を取られたばあいや代官の非分については許可し、百姓をむざと殺害することを禁止している（深谷克己『増補改訂版・百姓一揆の歴史的構造』校倉書房）。このうち居留の自由は、その後、法的には制約されるようになるが、都市の発展により、出稼ぎなどの人の移動そのものは、中世よりはるかに安全で自由になった。また百姓の「むざ」とした殺害の禁止は、百姓の人身保護規定として、重要な役割をはたすようになる。幕藩権力は巨大な暴力機構の上になりたっているのであり、近世初頭では年貢未進のみせしめに、磔をふくむ極刑がおこなわれることもあった。しかしそれだけに、この規定は保護規定として重い意味をもち、やがて百姓一揆のばあいでさえ、鎮圧にあたって百姓を殺害することが、公儀にたいして、はばかられるようになった。近世では、百姓以下、庶民は人であり、それゆえに教化をうけることが可能で、かつ必要な存在として自覚され、「むざ」とした殺害は、きびしく抑制されたのである。

非分と直訴

諸国郷村掟で、さらに重要なことは、百姓の直訴権が容認されたことである。家康は征夷大将軍として、公儀を掌握する立場から、領主・代官の百姓への非分を禁止した。なにが非分であるかについては、具体的に確定できるものではないが、代官では不当な中間搾取、領主では元和三年（一六一七）の武家諸法度にみえる国郡を「衰弊」させることがあげられる。非分を抑制するものとして、直訴が容認されたのであるが、そこに代表される訴は、一七世紀末には、さまざまな制約を乗り越えて、民衆の権利に成長した。延宝八年（一六八〇）、将軍綱吉の初政に代官へだされた条々は、百姓に争論があるときは軽いうちに聞き届けよとあり、また正徳三年（一七一三）の大庄屋廃止令として知られる条々でも、名主・庄屋にたいして、百姓の訴訟をむやみに差し押さえることを禁止している（『御触書寛保集成』岩波書店）。これらは沸き起こる百姓の訴にたいして、統治経験を積み重ねるなかから、生まれたものであった。また近世では行政と司法は未分化だったから、行政部分の仕置きの展開も民衆の訴をきく過程で解決されたり、あらたな局面を切り開くことになった。そのような意味で、訴は民衆抗議というだけでなく、国家と社会のダイナミックな展開を日常的に保障する役割をはたしたといってよい。近世の権力は、百姓以下の民衆の訴を広範にみとめ、これに対応することで統治能力を格段に高めることができた（平川新『紛争と世論』東京大学出版会）。そしてその中心にあったのが、将軍に象徴される公儀権力であった。公儀権力は、百姓に個別領主の非分を訴えることを容認し、これを排除することで、幕藩領主制全体の維持をはかり、権力の正当性を確保して、求心力をつよめていった。雑訴の興行それ自体が、徳政とされた段階とは、近世の状況は大きくかわっていたのである。

有徳と心易さ

刀狩り令にみるように、公儀が近世の平和と自由を、百姓の生活にそくして説明することで、自らの正当性を訴えようとすることはひろくみられた。その教諭的態度は近世権力の特質といってよいほどである（深谷克己『百姓成立』塙書房）。いわゆる慶安の御触書《おふれがき》は、その典型であった。御触書では、夫婦「かけむかい」の小百姓の広範な展開を前提に、これらに農業に励むことを勧めるのが目的とされている。このため農業技術の配慮などは当然として、小百姓がいかにして身持ちを維持、向上させることができるかが、詳細に説明された。いやしい小百姓でも、身上をよくして、米金を沢山にもつようにすれば、名主・おとな百姓も、言葉よくあしらうようになり、やがて末座にいたものも上座に直るようになる、などと説いたことはその一例である。そのうえで、最後に、米金雑穀をもてば、家もよく作り、衣類食物も心のままである。米金雑穀を沢山にもったからといって、無理に領主・代官から取ることはなく、天下泰平の御代なので、脇よりおさえとるものもない。したがって子孫まで有徳《うとく》に暮らし、飢饉のときも妻子・下人を心安くはぐくむことができる。年貢さえすませば、百姓ほど心易いものはないのだと教諭している（『徳川禁令考』前集第五、創文社）。ここでは百姓にたいして、天下泰平・有徳・心易さが保障され、身上を稼ぐことがもとめられている。年貢さえすませばということが、どれほどむずかしいことだったかは、問題の核心として残るとしても、近世の公儀が自らの権力の正当性の基礎とした、百姓の経営主体にそくした自由が、ここに集約されているのである。この御触書が、慶安二年（一六四九）にだされたというたしかな証拠はなく、議論のあるところである（白川部達夫「慶安御触書について」『歴史と地理』四九三号）。この法令が、慶安の御触書として世にひろく流布するようになったのは、一九世紀はじめのことだった。したがってこれが、近世前期の社会一般の意識だったとすることは、それぞれ実証手続きが必要である。しかし近世の完成された社会像をしめすものとして、引用部分を理解するには、それほど無理はないと考えられる。一七世紀中葉の藩政の確立に努力していた大名の基本的な考え方は、百姓が「気つまり」なく、耕作と年貢納入に出精する体制を構築するということであった。そこでは年貢収納が、百姓の「くつろぎ」の結果として、確保されることが、仁政の実現としてつよく意識された。紀州藩主徳川頼宣の郡奉行・代官への教諭では、百姓が年貢などは一通りのことだとおもうように、「仕かけ」ることが大切だとしている（柴田純『思想史における近世』思文閣出版）。年貢などは気にならないほど、百姓が豊かになり、その結果として、年貢が安定・増加するという理念は、慶安御触書のいう有徳や心易さと共通しているといえる。また一九世紀の初め、百姓一揆の責任者として、永牢とされた村役人は、子孫への教訓として、百姓の業は骨は折れるが、「人前《ひとまえ》」を気にしなければならないほかの身分にくらべて、貧乏さえふせげれば、何事も一存で「自由」になる。なかでも平百姓は、年貢・諸役さえすませれば、ほかへでることもなく、村と不通《ふつう》になっても、自分の田畑に入って渡世すれば、こまることもないと、農業に専念することをすすめている。一揆の責任をとらされた、にがい経験をふまえての述懐ではあるが、ここにも慶安御触書のいう百姓の自由の到達点がしめされているといえる（「勧農教訓録」『日本庶民生活史料集成』第六巻、三一書房）。

兵農分離と武威

近世百姓の自由は、中世の自由の苛酷さを克服したものであった。しかしそれが、武威とキリシタン禁止によって、締めくくられていることも指摘しておかなければならない。近世の公儀権力は、下剋上の戦乱のなかから成立し、圧倒的武力により惣無事を確立した権力であり、百姓・町人を武力の担い手から排除して、なりたった権力であった。それが兵農分離の意味であったが、それは朝鮮侵略という対外戦争を契機に確立したものであった。武威による平和の維持ということは、近世をつうじて、国内的にも対外的にも人びとの意識からはなれることはなく、一九世紀になって、欧米列強の外圧がつよまるとともに再び表面化した。近世の平和は、武威と対外侵略という野蛮と隣り合わせだった。こうした野蛮な政治体制が、ユーラシア大陸の西と東の辺境、ヨーロッパと日本にだけ出現した、という重い指摘があることは、日本の歴史の特質を考えるうえで無視しえない（入間田宣夫・村井章介「討論・新しい中世国家像を探る」『歴史評論』四三七号）。武威は、一九世紀にはいったんは動揺して、維新変革を生み出すが、その再建は富国強兵の思想となって、アジア侵略を繰り返すことになった。その担い手は、ほかならない小百姓の末裔だった。それが、達成された文明の水準だったのである。

キリシタン禁止

いっぽうこの東アジアの辺境に成立した武威国家は、ヨーロッパ世界の拡張と世界システムの成立の影響を出発点から抱え込んでいた。それは鉄砲の伝来と天下統一により象徴されていたが、同時にそれには、必然的にキリシタンの布教と侵略の影がともなった。統一が完了するのをまたずに、はじまったキリシタン禁令がしだいに強化され、やがて野蛮で凶暴な弾圧にかわり、鎖国という形式で、世界システムのなかで国家の位置が確立された。これにともない日本を神国であるとする思想が強調され、おりから中国でおきた漢民族国家・明から、満州族の清への転換を背景に、日本を華とする華夷意識が生まれた。日本型ナショナリズムの原型がつくられて、やがて近代天皇制がそのなかから浮上する（朝尾直弘「東アジアにおける幕藩体制」、『日本の近世』1、中央公論社）。またキリシタンにかぎらず、権力を相対視する異端思想の排除がおこなわれた。中世に成長しつつあった王法（世俗権力）より、仏法の優位を説くような思想は排除され、世俗権力の優位が確立する。近世では、異端思想の展開がむずかしく、権力を相対化する思想が民衆から成長する力は弱かった。幕末期の金光教や天理教など民衆宗教の展開が、貴重な事例となっているだけである。さらにキリシタン禁止とともに、宗門人別改めが一般化して、寺請制度が確立した。王法の優位をみとめる宗教が、体制としてみとめられ、そのもとに百姓が檀家として位置づけられることで、百姓身分の緊縛がはたされることになった。この寺請制度の上にある移動は、きわめて自由で安全であったが、それはそこから一度はずれると、非人・無宿人へ転化し、狩り込まれるという苛酷さと隣り合わせであった。そうした身分として、百姓身分が国制上の位置を獲得したのが近世であった。

村方騒動と百姓一揆

近世百姓の自由と自律性

近世百姓の自由は、公儀とのかかわりで、以上のように、自由と保護、自由と従属の両側面のなかで把握することができる。しかしそれは、たんにあたえられたものではない。中世をつうじた百姓のながい闘いの結果を政治的に集約したものであった。そのことのなかに、民衆の願望の吸収と、権力的な歪曲がふくまれているのは当然で、その定着も、権力による歪曲《わいきょく》と百姓の抵抗のきしみをともないつつ進行することになった。平和にしても、中世では一揆や惣村のなかに成長したものだったし、直訴にしても、本来制限規定であるものが、あたかも権利規定であるかのように変化しながら定着していった。それはこの間の百姓の闘いなしには、ありえなかっただろう。また喧嘩停止《けんかちょうじ》にしても、権力のきびしい弾圧にかかわらず、近世初期には山野争論などでの武力行使は、容易になくならなかった。刀狩りにいたっては、近世をつうじて、鉄砲など相当数の武器が、在地に存在したことが指摘されている（塚本学『生類をめぐる政治』平凡社）。在地社会の条件が変化したことや、内済慣行などの村と村の紛争を解決する能力が発展したことが、武力闘争を減少させたのであり、それは近世百姓による自力救済のあたらしい発展のさせかただった（水本邦彦『近世の村社会と国家』東京大学出版会）。そうした意味で、近世百姓の自由もまた、民衆世界の自律性によって担保されていたのである。そして近世百姓の自由の水準を、自律的に発展させることを担ったのが、小百姓と村の展開であった。

「おとな」百姓と小百姓

中世の惣村には、「おとな」百姓といわれた下人を抱える有力百姓と、夫婦「かけむかい」といわれる小家族経営を営んだ小百姓が存在した。小百姓経営の発展・安定化に対応して、「おとな」百姓のなかには、耕地を小百姓に請作させたり、請作化した土地を買い集めて地主となるものがあらわれた。そうした「おとな」百姓が、武装化していく傾向をつよめたことが、下剋上の原因だったのである。「おとな」百姓の武装化は、戦国大名の家臣化して、武士として上昇していく道と、百姓のまま、惣村をよりどころに、武家領主に抵抗していく道が存在しており、一向一揆の百姓持ちの国という方向は、後者の典型であった。しかし百姓持ちの国の方向をとったばあいでも、その内部で「おとな」百姓層が武装化して、武士に近い存在（地侍《じざむらい》）になっていることにさほどかわりがなかった。惣村の展開がつよい地域で、山野や用水のあらそいが合戦争論として、はげしくあらそわれるのは、内部にそうした武力の発動に主導的役割をはたす、地侍＝「おとな」百姓層がいるからであった。もちろん惣村では、小百姓も一定の地位をみとめられて、おなじ百姓としての横の連帯が形成されるから、争論に積極的に関与した。したがって「おとな」百姓が、とくに武力指向であったとばかりはいえないが、かれらが日常的に武力の担い手であり、自らの下人などに私的な制裁権を行使し、一族をかたらって私闘をおこなったりしていたことは間違いない。こうした「おとな」百姓のなかには、近世になっても、他村との争論で、積極的に武力行為を扇動するばあいがあった。万治三年（一六六〇）摂津国豊島郡新稲村の年寄の訴えでは、この村では隣村との山野争論にあたって、親子で代官・庄屋をつとめていた百姓が、小百姓に大坂まで棒を買いにいかせ、相手の村のものを打ち殺せと命じた。年寄など村中が、公儀に訴えないで死人でもでてはと躊躇すると、そのような臆病者を在所においても用に立たないといって、この年寄を追いだしたという（『編年百姓一揆史料集成』第一巻、三一書房）。もちろんいっぽうで小百姓が、山野を侵害された報復を主張して、村の指導層を突き上げるということはひろくみとめられる。このばあいむしろ庄屋・年寄がこれをなだめて、公儀に訴訟にでることを選択した。したがってどちらが武力指向だったかというのは、あまり意味がないのだが、それでも武力の担い手という観点からみると、小百姓のほうがその性格は弱くならざるをえなかった。

小百姓の武器所持

それは武器の所有ということからも、うかがうことができる。中世の百姓が武器をもっていたことは事実としても、それにはやはり階層性があったことは、一五世紀の追捕物（犯罪者の家財没収品）の記録からでもみることができる。それによれば有徳の百姓や中規模の百姓は、鑓《やり》や弓をもっていたことがわかるが、小百姓はわずかな農具だけで武器をもってはいなかった。また在地領主層と比較すると、百姓では鎧《よろい》などの装備が格段に差があったという（黒田日出男『日本中世開発史の研究』校倉書房）。このことは近世でもあまりかわりはないのである（小泉和子「暮らしの道具」、岩波講座『日本通史』第13巻、岩波書店）。戦国期には、鉄生産が飛躍的に向上したといっても、当面武器製造や城郭普請などにまわされ、農具は安価にはならず、小百姓が手にいれるにはかなりの負担だった（岡光夫「近世農業の展開」、岡光夫ほか編『日本経済史』ミネルヴァ書房）。戦国期には、武器所有が拡大したとしても、小百姓が一般的に所有していたとは考えにくい。近世にはいって、山野争論で棒などで打ちあったという記事が多くなるのは、刀狩りや喧嘩禁止の影響というだけでなく、武器をもっていない小百姓があらそいの中心になってきたことにもあるのではなかろうか。摂津国新稲村のように、その棒さえも常時の備えはなく、わざわざ大坂に買いにいかせているのである。実力行使はなくならなくても、合戦争論をおこなう条件がなくなってきたといえる。そのような意味で、小百姓の展開は平和の条件となった。

小百姓と訴

小百姓が成長すると、訴訟もその主導権がしだいに「おとな」百姓から小百姓に移行するようになった。摂津国島上郡柱本村では、慶長十二年（一六〇七）ごろより、慶長十五年（一六一〇）ごろまで、年貢の算用をめぐって、庄屋・年寄と小百姓が対立して、村方騒動がおきた（以下、水本邦彦『近世の村社会と国家』東京大学出版会）。村方騒動の収拾される過程で、庄屋は起請文でさまざまな算用について、委任をとりつけることに成功して、事態を乗り切った。

表面的には、庄屋が村運営の主導権を確立したのであるが、その内容は単純ではない。

一つは、庄屋が村運営をまかされたのは、百姓が在所に「かんにん（堪忍）」がなるように始末することが条件としてつけられており、それができなければ、「まかセ」＝委任は撤回されるということである。近世では村役人の年貢算用などをめぐり、小百姓が不信任を申し立てる村方騒動が多くおきたが、それはこの事例がしめすような、村役人と小百姓の「頼み」と「まかセ」の関係が形成されたことを背景としているのである。それにかかわって、もう一つ重要なことは、年貢訴訟の権利が小百姓に確保されたということであった。慶長十四年（一六〇九）の起請文では、年貢については、どのように決定されても一言も出入りをしない。算用でも庄屋にまかせたので、万一訴訟などあれば、庄屋・年寄衆へ申し入れて、そのうえでおこなうとしている。ところが慶長十五年（一六一〇）の起請文になると、年貢・算用について庄屋にまかせるとしたうえで、その年の年貢をなにほどで請けるかということ以外に、代官へ相談することはしないとなっている。つまり年貢の訴訟については、「まかセ」の対象からはずされて、小百姓方に留保されているのである。それがたんに表現上の問題でなかったことは、慶長末年と推定される文書で、小百姓がその年の年貢免除額では在所に「かんにん」できない。少しのことならばまかせておくが、過分にちがうので、いくども仰せあげてほしいと、庄屋などに要求していることでもわかる。

それまで年貢の訴訟を、だれがおこなうかについて、とくべつの規定があったわけではない。しかし戦国期には、庄屋・「おとな」百姓が、惣村の利益を代表して年貢の減免訴訟に熱心に荘園領主と掛け合っていたことは事実で、その主導権はこれらの階層にあった（藤木久志『戦国の作法』平凡社）。それを前提に、領主による庄屋の任命と、小百姓たちの庄屋への頼みと「まかセ」がおこなわれていたが、慶長期の柱本村では、さらに年貢の訴訟権が、小百姓に保留される事態があらわれているのである。

近世初期の年貢と村方騒動

太閤検地以後、村むらに検地をいれて、在地の富を吸収しつくそうとする領主にたいして、村は庄屋・名主を先頭に執拗な免除訴願を繰り返すいっぽうで、村内では、庄屋・名主と「おとな」百姓、あるいは小百姓が年貢や村入用の配分をめぐり、せめぎあうようになっていった。近世初頭では年貢も高かった反面、免除分もかなりの額になるのが普通だった。生産力が安定していないため、高い年貢をかけておいて、状況におうじて減免処置をとりながら、年貢水準を確定するという方法がとられたのである。したがって毎年免除分として村に残される徳分を、自らのものとして確保できるかどうかは、小百姓の生活の安定や成長にかかせないものであった。そこで小百姓は、村にあたらしくあたえられた検地帳・年貢割付状などの文書をよりどころに、庄屋や名主の村運営に監視をつよめるようになり、ついには年貢の訴訟を一つの権利ととらえて保留するという事態があらわれたのである。柱本村の事例は、そのはやい段階の動きであった。

小百姓たちは、年貢訴訟の権利を保留しただけでなく、検地帳・割付状や村入用の算用帳などの公開を要求した。元和七年（一六二一）、信濃国伊那郡の百姓二名は、代官に肝煎《きもいり》の算用にまかせては百姓の身上がつづかないと、検地帳をみせるように再三、要求している（『信濃史料』第二三巻）。代官や庄屋・名主たちは、文書の公開には抵抗したが、やがて公儀は、一七世紀中葉から検地帳・割付状の公開、村入用帳簿の作成と公開を積極的に奨励するようになった。代官、庄屋・名主の非分を抑制し、村方騒動をふせぐ、というねらいからであった。現実には文書の公開は形骸化することが多かったが、それでも近世では、公然と帳簿公開を要求されたばあい、拒否することができなかった。割付状をみたり、年貢割りに参加することは、たとえ代表をだすことでかかわるにすぎないにしても、年貢を負担する百姓の権利となった。こうした百姓として、小百姓が自らの政治的成長をとげていくなかで、近世の年貢制度の特徴である、村が年貢を請け負う、村請制が本格的に機能していくようになったのである。そのもとで、年貢も村が実状におうじて、独自に配分しなおす「ならし」などがおこなわれる

村請制と村方騒動

ようになった（水本邦彦『近世の村社会と国家』東京大学出版会）。また質地請戻しの構造が展開するようになった。領主権力の年貢収奪も、こうした村の自律性に依拠して機能する側面がつよかったのである。

村方騒動の制度化

こうした村の自律的展開を保障しているのが村方騒動であった。村運営をめぐる政治紛争は、近世では訴訟として制度化された。慶安五年（一六五二）に幕府が代官にだした指示でも、名主の押領を小百姓が訴えたばあいに、名主に贔屓《ひいき》してとりあげないでいると、かえって事態が大きくなって、怨みのもとになるので、心得るようにとしている。幕府は、いっぽうで名主・組頭の申し付けをきかないで、村を騒がす「徒《いたずら》なる百姓」のきびしい処分を命じながら、名主押領の訴訟そのものは、みとめる態度をとっている（『徳川禁令考』前集第四、創文社）。訴訟を前提に、大事にならない段階での処理を命じることにより、事態の解決をはかる枠組みをつくることは、村方騒動を社会秩序を維持する運動の一つとして容認しつつ、組み込むことを意味した。その背後にあるのは、私欲・私曲を排除し、公儀の支配を確立するという正当性観念であったが、同時にそれは、小百姓の展開のなかから生まれた意識でもあったことは、すでにのべた。

この村方騒動とその制度化をつうじて、村の社会変動も政治的に処理されるようになった。近世後期にむけて村は、政治世界としての機能をはたしはじめる。村方騒動などをつうじて、訴訟や村役人の入れ札による公選制などの政治の経験が蓄積される。村の平和の枠組みのなかで、それぞれの家の存続を保障しながら、かつ家の盛衰におうじた主導権の争奪が裏面で展開され、これが村運営とかかわって表面にあらわれれば村方騒動となった。それは良くも悪くも、民衆の日常に接する直接的政治経験として蓄積され、近代の政治的基盤の一つとなったのであった。

地域と訴

小百姓の台頭による村の変動は、同時に、地域社会の変動と形成をも意味した。一八世紀になると、小百姓を中心とした村が確立し、地域の大庄屋・割元なども、中世以来の在地土豪的な存在から、村むらの庄屋・名主の交代制や互選でえらばれた惣代的な存在へと変化した。かれらは、支配の下請け機構でありながら、村むらの意向をうけて、さまざまな日常的な訴願を代官・奉行所などにおこなった。また代官・奉行所の下級吏僚らは、こうした出願を前提に、政策立案をおこない、それが順次伺いとして上位にあげられ、政策決定されるようになる（平川新『紛争と世論』東京大学出版会）。幕府でも享保改革以後、新田開発・株仲間政策にみられるように、民間に蓄積された力量や資金などを吸収・活用するかたちで、政策形成がおこなわれるようになった。その政策形成・実施の過程は、まず新規の出願があれば、その旨を触れ出し、関係する村や仲間に問い合わせる。問題に既得権のある村や仲間などが、反対を出願すれば、説得・調整をおこない、その結果におうじて政策の実施・変更・撤回などがおこなわれた。この間、関係する村むらや仲間の利害の調整が重要で、領主側では、何度も調停を命じて、合意の形成をはかる。政策合理性にもとづいて、裁許・実行するということはさけられ、民意の統合を教諭する立場が重視された。その意味で、利害関係者の談合と行政指導型の政策決定システムが成長していたということができる（朝尾直弘「『近世』とはなにか」、『日本の近世』1、中央公論社）。こうしたなかで一八世紀末ごろより、小商品経済が展開するようになり、地域のかかわりが密接になると、領主側や村から地域運営の組織化が要請されるようになった。このため郡中や組合村という地域組織が形成されて、地域の運営にあたるようになった。その惣代には、村をこえたローカルな商品経済に深く関与した豪農が参加することが多く、近代の地域社会と名望家支配の原型が形成されはじめた（久留島浩「百姓と村の変質」、岩波講座『日本通史』第15巻、岩波書店）。国訴の運動なども、こうした地域形成とともに発展したのであった。

訴と百姓一揆

いっぽう訴のもう一つの局面は、当然ながら領主と百姓の年貢をめぐるかかわりにあった。それはいわゆる百姓一揆をめぐる問題であった。ところで近世後期にいたるまで、当時の人びとは、百姓の領主にたいする抗議運動を、一揆という言葉では呼ばなかった。百姓一揆という言葉が、一般的につかわれるようになるのは、一九世紀になって大規模な打ちこわしをともなう強訴がひろまってからだった。それまで一揆とは、島原の乱までの武装蜂起をいうときに使用され、それ以後は、運動の形態によって強訴・逃散《ちょうさん》などといわれるのが普通であった。現在いいならわされている近世の百姓一揆は、武器をもたず、かわりに鍬《くわ》など百姓を象徴する農具や、打ちこわしのための実用的道具を得物としてもち、領主のもとに集団で強訴するのが基本的な形態であるので、当時の人びとの描いた一揆像に該当しなかった。近世中期まで、百姓が集団で強訴にでる事件がおきると、領主側でも盛んに、これは一揆ではないとか、一揆にでもなったら大変だといって、武装蜂起＝一揆という基準を前提に、現実に起きている事態を把握している。そして武装蜂起であるかどうかの判断基準は、鉄砲の携帯・使用にあった。近世では鉄砲は武器の象徴としてとらえられており、百姓はもとより、領主側も百姓の抗議行動に鉄砲を使用することには、きびしい自己規制がはたらいた（保坂智「百姓一揆」、岩波講座『日本通史』第13巻、岩波書店）。なぜそのような観念が生じたかということについては、まだ深い検討はないが、鉄砲がつよく意識されていることなどから、近世初期の喧嘩停止などとのかかわりは当然、想定されてよいだろう。武器を得物としてもたない、いわゆる百姓一揆にたいしては、教諭して解散させる努力がつづけられ、処分も頭取こそ死罪にされることはあったが、できるだけ寛大な処分ですまされるのが通例だった。

このように、現在近世の百姓一揆といっている運動は、百姓が集団でおこなう訴が本質にあり、それ以前の鉄砲などを使用した武装蜂起とはことなっていた。そのことをふまえたうえで、ここでは近世百姓がおこなった直訴・箱訴・強訴・駕籠訴・門訴など、さまざまな訴訟行動や集団による示威運動、しばしば訴の範囲をこえておこなわれた実力行使や打ちこわしによる制裁行為までをふくめた抗議運動全体を、やはり百姓一揆と呼んでおくことにしたい。百姓一揆は、公儀がみとめた百姓の訴の権利を最大限に行使したものではあったが、その背後には、集団による示威運動をともなうことが普通で、現実にはそれは通常の訴の概念から逸脱したものだった。したがって当事者の意識をこえて、じっさいに存在した抗議運動全体を客観的にいいあらわすには、百姓一揆という表現以上のものを見出しがたいのである。

中世的な土豪百姓を中心とした武装蜂起は、寛永十四年（一六三七）の島原の乱を最後に終了する。その後、一七世紀後半になって成立してくるのが、近世百姓一揆であった。その主体は、惣百姓と自称する集団であり、これを主体にそくして惣百姓一揆ということもある。この惣百姓の中心は小百姓で、それは初期村方騒動などをつうじて形成されたものであった。その過程に、頼み証文の端緒も開かれたことは、すでにのべた。百姓一揆の本質は、惣百姓が徒党して、直訴をおこなうことにあったが、その集団形成は小百姓を中心とする村を基盤におこなわれ、頼み証文で代表にだすなどしたのであった。また一揆勢の内部には、村ごとに旗を立てるなどした小集団があり、指導部はこの村ごとの小集団を統制して一揆をまとめていた。一揆の代表には、日ごろの名望や知識、交渉能力をかわれて村役人が頭取に選出されることも多く、村に日常的に積み重ねられた政治的経験が活用された。このばあい村役人も村も、日常的な支配の機構としてのあり方を克服して、村のため、百姓のためという立場に自らを移行させる。その一つの方法として、古くから神水を飲んで一味したり、起請文の作成などによる結束がはかられた。一味同心することは、中世以来さまざまな地位のちがいを乗り越えて、水平的な結合をすることで、その行動力を導き出そうとする行為だったから、村の

惣百姓一揆と一味・徒党

支配的な階層性は一時的にでも棚上げにされたのである。公儀が、訴を容認するいっぽう一味・徒党を禁止したのは、村の百姓結合が、支配機構としての性格を逸脱するのをおさえようとしたからだといえる。しかしそのことにけっして成功しなかったことは、百姓一揆の存在そのものがしめしている。

百姓成り立ち

百姓一揆の要求はさまざまだったが、その根底に流れているのは、百姓相続の保障をもとめるということだった。年貢の重圧が、百姓の成り立ちを危うくしており、それがゆえに、領主は年貢の過重をあらためて、その相続を保障する仁政をおこなうべきである、というのがその主張であった（深谷克己『百姓一揆の歴史的構造』校倉書房）。したがって百姓一揆は年貢納入そのもの、つまりは領主制を否定するというものではなかった。このままでは御百姓が勤められず、御年貢が納められないというのが、惣百姓一揆の基本的な正当性の主張だった。近世初頭では、生産力の不安定さと幕府が諸大名に課したお手伝い普請などで、大名の財政負担が重かったため、百姓に年貢の重圧がつよくかかった。このため逃散・欠落《かけおち》ち など走り百姓が恒常的にあり、大名は百姓を土地に有り付け（住み着け）させる政策をとらざるをえなかった。こうした政策をとらず領内を疲弊させるような領主は、公儀の意向にはそわなかったし、百姓から苛政を訴えられて、領内の仕置きの不備を理由に改易されることもあった。寛永飢饉と島原の乱の後、ことに百姓が「くたびれ」ないように領内統治をおこなうことが、公儀からも命じられた。延宝八年（一六八〇）の将軍徳川綱吉の初政にだされた代官への条々の冒頭は、「民は国の本」であるので、飢寒の憂えがないようにせよとしている。「民は国の本」という理念は、当時ひろく読まれた『太平記』の注釈書『太平記評判秘伝理尽鈔』の知識をつうじて、大名や百姓に共有されはじめていた仁政思想を裏打ちする正当性原理であった。民百姓は国の本であるから、その成り立ちは保障されるべきであり、これを訴える訴訟は軽いうちに聞き届けて処理せよというのが、この法令の趣旨であった。この条々が発令されると、それが代官に宛てられたものにすぎなかったのに、各地の百姓が集団で江戸に訴訟にのぼることが相次いでおき、公儀をはばかって、年貢減免におうじる大名・旗本が多くみられた（若尾政希「幕藩制の成立と民衆の政治意識」、岩田浩太郎編『新しい近世史』5、新人物往来社）。

新法と古法

いっぽう一八世紀にはいると、百姓の農間稼ぎとして小商品生産が展開した。財政悪化になやむ領主は、さまざまな農間稼ぎに新税をかけたり、問屋による専売制をひいたりした。これにたいして百姓は、それまでの税制を伝統化した祖法として新法反対をかかげて百姓一揆をおこすようになる。古き良き法の順守をかかげる蜂起は世界的にみられたことだった。この段階では、百姓のあいだには商品流通の展開にともない、問屋を営み、藩の専売政策に関与するものもあらわれ、これらにたいする打ちこわしがともなうようになった。また村内では、村役人特権によりつつ富を蓄積するものがあらわれ、これも私欲として打ちこわしの対象となった。小商品生産の展開にともない豪農に主導されたあたらしい地域形成の動きと、藩の専売政策などがむすびついて、収奪強化がすすむことへの反発が、そこにははらまれていた。こうして小商品生産による農民層分解が進展すると、小百姓の没落と惣百姓結合の解体がすすみ、かわって窮民を中心とする打ちこわしがいっそうはげしくなった。そこでは世直しが、あらたな正当性の核心となった世直し騒動へと変化することになった。

天と私欲

百姓一揆は、領主制を原理的には否定しなかったが、それでも幕藩体制を相対化する意識が成長した。それが天と私欲の意識である。天の観念は、儒学の普及とともに近世初頭にはすでに将軍・大名以下の為政者のあいだで、その統治を正当化するものとして意識されていた。天下を治めること以下、統治に預かるということは、天道・天命によりあたえられた任務であり、天下泰平・万人安穏に統治をおこなえば天道にかなうが、私欲にふけるのであれば、万民の恨みをかって、天下を失い、自身も滅ぶという論理がそれであった。中国に成立した天命をうけて王朝が交代するという易姓革命の論理を前提とした把握であるが、当面、戦国を制覇して天下泰平を導き出したという事実そのものによって、将軍や大名権力の存在を正当化することができたこと、そのなかで統治者としての資質を高める自覚がつよまったために、ひろく受容されたのである。仁政意識も、この天の思想が背後からささえているといってよいだろう。またその日本的特徴として、天命の委任を預かりものとして、階層的には天—将軍—大名—家臣さらに百姓へと無限に下降させ、時間的には先祖—自己—子孫と展開させることで、全体をむき出しの私的所有に解体させずに、天や祖裔《そえい》全体のための奉仕として位置づけるものとなった。この天の体系のなかで、それぞれの職分が位置づけられ、百姓・町人の職分までもが天職としての意義づけがあたえられたのである（黒住真「儒学と近世社会」、岩波講座『日本通史』第13巻、岩波書店）。これらの天の観念は、近世の村方騒動のなかでの私欲批判の展開によって、下からささえられてもいたのである。

天譴の思想

ところで百姓一揆が発展するようになると、仁政要求から一歩すすんで、この天の観念を背景に、百姓一揆が正当化されるという事態が生じた。惣百姓一揆の到達点をしめすといわれる、宝暦十一年（一七六一）の信州上田藩宝暦一揆の記録「上田縞崩格子《うえだじまくずれごうし》」は、「誠に一人貪戻《どんれい》なれは、一国乱を起こす事民の道（常とするテキストもある）にこれあり、豊年に飢饉を思ふは百姓の天道なるべし」と書き始めて、蜂起を「民の道（常）」「百姓の天道」と正当化した（『日本庶民生活史料集成』第六巻、三一書房）。また天明六年（一七八六）の備後国福山藩の一揆の記録「安部野童子問」では、「人は奢りを長し慾を恣《ほしいまま》にすれは国用足らす。ここにおいて奸智の臣を挙用せられて収斂の術百方智力を究む」と一揆の原因を領主の私「慾」にもとめて、統治者としての適格性に欠けることを指摘している（『日本庶民生活史料集成』第六巻、三一書房）。惣百姓一揆では、領主は仁政につとめる意志があるのだが、家臣に悪人がいるため、百姓の苦しみが伝わらないので、直訴するというのが、蜂起を正当化する構想の重要な一環をなしていた。悪臣の排除、悪政の撤回により平和は回復される。百姓一揆物語の多くは、こうして天下泰平の回復と公儀・領主・百姓の繁栄を寿《ことほ》いで、めでたくおわるのである。この両書でも、こうした構図はみられるが、いっぽうで領主は暗君であることが暴露されている。私欲の領主は、公儀への訴により排除されるというのが、仁政のもう一つの構図であるが、「上田縞崩格子」の冒頭の記述は、そうした方向に問題を展開させず、「民の道（常）」「百姓の天道」そのものに正当性を付与しているといえる。こうした領主制を相対化する天の思潮は、天命の思想そのものが、中国で殷王朝から周王朝への王朝交代を説明するために発展させられたという事情があり、その受容とともに古くから意識されていたと考えられるが、近世では天明七年（一七八七）の江戸打ちこわしの状況のなかで、急激に表面化した。天明三年（一七八三）の浅間山噴火と冷害にはじまる天明飢饉とこれにつづいた災害の頻発、為政者の無策、そして江戸大打ちこわしと全国諸都市での打ちこわしの展開は、前代未聞のことがらであった。それにたいして、これらは天が私欲の為政者にたいする警告を発したのだとする、天譴《てんけん》論による理解と政治批判が各所でおきた。打ちこわしも、天のなすところであり、当然それは公儀が正当性を失ったためにおきたことだと、公儀批判にまでおよんだ。それは末世観とむすんで、天命の改まりを意識させることになった（岩田浩太郎「天明期江戸の政治意識」『歴史評論』五三六号）。それは領主階級でいえば、徳川の天下のおわりを、民衆意識の側からは、世直しの登場を予感させた。

百姓世界の解体と現代——エピローグ

百姓世界の位置

百姓世界が近世において確立したことは、日本の歴史上、画期的なできごとであった。それは日本における小農民社会の成立を意味した。小農民経営の社会的規模での確立は、その後の日本社会が民衆的基盤の上に展開する基礎となった。かって明治・大正期に活躍した歴史家内藤湖南は、一五世紀の応仁の乱を境として、日本の歴史には大きな断層がみられ、貴族階級から民衆へ文化の担い手が移行したところに現代につながる特徴がみとめられると指摘した。現在、その画期をもとめようとすると、南北朝内乱から近世の成立にいたるまでの長期の過程となるが、それが小百姓ににになわれた百姓世界の形成として帰結し、その波動は、現在におよぶものであったことに変わりない。それは徳政要求にあらわれた土地と人との結びつきを、村の質地請戻し慣行として内在化させ、小百姓の土地所持の再生産を安定させることで確立したものであった。この社会変革の過程で達成された百姓の社会的・政治的水準を集約したものが、公儀に保障された百姓の自由であり、その中核には訴の自由があった。またこれを百姓世界の内部から、ささえた社会的結合を象徴するものとして、頼み証文の成長があり、私欲意識の形成にみられる百姓の「公共」性の展開があったのである。それは全体としてみると、近代の市民的自由につらなるものではなく、むしろ百姓としての身分的・特権的性格にもとづいていた。したがってその基盤は狭いものであり、その社会の内部ではつねに恩頼（頼み意識）にもとづく支配・従属関係を再生産した。それは上は、公儀・領主から百姓の社会関係にまでおよび、身分制社会の基礎となっていたのである。

世直しの変革性

こうした百姓世界は一九世紀にはいり、小商品生産の展開にともない分裂・解体に向かった。百姓世界の解体の過程で、これへの抵抗運動として世直し騒動が展開した。世直しでは、質地の請戻しから取り戻しへと要求の展開があり、やがてそれは平均（ならし）へとすすんでいった。平均への願望は、幻想的なものであったが、それでも請戻しにあわされた百姓の身分的所有の回復要求から、「世」全体の組み替えを要求する世直しという地点へすすみ、土地革命への視点をふくんだことはあきらかであった。また頼み頼まれる関係から、頼み証文による代表委任形成へとすすんだ社会的結合の展開も、世直しでは、大規模な名主や割元・地域惣代の入れ札による改選を要求するようになった。世直しのいわゆる民主化要求は、代表委任制度の成長のなかにおける疎外をもう一度、自らのものに取り返そうとする民衆の要求であったと位置づけることができる。その正当性の要求としての私欲批判も、世直しの段階では、もはや村為などという狭い枠組みのなかにとどまらず、天下万民のためという普遍的な世界に広がろうとしていた。世直しの打ちこわしは、訴を否定して、自らによる制裁（自力救済）をおこなうことを意味したが、同時にそれは天譴思想を媒介に、領主や公儀権力の批判から相対化をはらんでいた。それだけにそれは幻想的ではあったが、百姓世界の伝統をふまえつつ、近代へ向けて、自らの世界の狭隘さを克服しようとする最初のこころみとなった。

日本の近代化は、世界市場のなかにあらたに組み込まれたことによる外的契機が大きかったのではあるが、いっぽうで国内的には、百姓世界の成立と成熟を背景とした世直し蜂起に媒介されることで、はじめて近代変革であることができた。世直しは、その幻想的変革意識の弱さから、わずかな期間で解体し、近代化政策のなかで百姓身分はその身分的特権をはぎとられていった。しかし百姓世界は、近代化のなかで、ただ解体されるだけの存在ではなかった。世界のどの地域でも農民世界は近代においても、長く強靭な生命力をたもち、しばしば自らの解体と引き替えに、歴史にその独自性を刻印しないではいなかった。農民の抵抗は、その後も新政反対一揆、地租改正反対一揆、自由民権運動と困民党の運動など執拗につづけられた。世直しから自由民権運動・困民党蜂起にいたる時代は、フランス革命やロシア革命、中国革命にならぶ日本の農民革命の時代といってよい。

百姓世界と現代

近代化と伝統社会のおりなす抵抗と統合、現代への影響の複雑なメカニズムを追究することは、もはや本書の課題をこえている。しかし本書で、検討した百姓の所有・社会的結合・正当性・自由観が、かたちをかえながら、いまも人びとの意識の基底にいきづいていることは、あきらかである。それはあるばあい、抵抗のよりどころとなり、あるばあいは、人びとを拘束するものとして機能している。百姓世界に結実した土地の小所有への執着は、地主制によって解体させられながら、やがて小作争議から農地解放へと展開して自らを貫徹した。現代でも、農民や都市住民を問わず、官僚的な土地収用にたいする長期の抵抗が、小所有意識をもとに持続され、政治の民主化をもとめることなしには、いられないものとなっている事例をあげることは容易である。

またいっぽうでは、小所有への執着が、保守的政治風土の基盤となり、土地高騰の深いところで原因となった。その反省が、アゼナワなどにあらわされた古代以来の用益権的所有の正当性に関心を呼び起こしてもいる。また頼み証文に象徴される社会的結合が近世後期に展開し、近代の地域社会と名望家支配の原型が形成された。そしてこれを基礎として、近代の代議政体がともかく実態あるものになり、国民統合がはたされた。いっぽうで利益誘導を媒介として、代議士と選挙民の頼み頼まれる関係が生まれて、現代にいたるまで日本的政治風土の基礎となった。またこれにたいして、代議制における代表委任を機能させる役割として、近代民衆運動が対抗的に展開することになる。公共性の問題にしても、私欲批判にあらわれた公共意識は、私的欲望の解放を特徴とする近代社会で、その欲望が歯止めなく拡大し、国家や組織を内部から崩壊させることを防ぐ役割をはたした。しかしいっぽうでその小宇宙性は、人びとを小組織への忠誠へとかりたて、抑圧する役割をもはたしている。汚職事件をおこしたものが、会社のためであり私欲ではなかったことを理由に、減刑されることがしばしばみうけられる。共同的な小集団のためにしたことは、それがより広い範囲で公共性にそむいても、私欲ではないとして、社会は寛容であり、広い意味での公共にしたがう内部告発には、かえって冷淡なのである。

百姓世界ののこした負の側面から、自由になるべきだというのは、わざわざ言い立てる必要のないほどのことに思える。しかしそうした側面をも、人びとの生活の歴史に内在するものとして受け止め、そこから人びとがどのように自由になろうとしたかをあきらかにしなければ、問題を克服することなど、とうていできそうもない。

本書のめざしたもの

本書は、いまではすっかり、忘れ去られようとしている百姓世界を、その成立の若々しいいぶきとともに呼び起こすことで、それがなぜ私たちをこんなにも拘束しつづけるのかを内在的にあきらかにして、そこからの出口をさぐるこころみであった。そうした自己点検なしには、人びとの真の共同性の回復はありえない。現代歴史学のはたすべき課題と役割とは、そのようなものなのである。

あとがき

本書で考えてみたかったことは、人はもつことなしに生きることはできるか。頼むことなしに生きることはできるか。という普遍的な課題を、近世の百姓がどう生きたのか。そしてそこに、どんな公共性や自由が育まれたのかということである。

最初の論文集『日本近世の村と百姓的世界』（校倉書房）をだしてから、いずれ近世の百姓的世界のあり方を、近世史や日本の歴史の中でいちづける作業をする必要を感じていた。しかしそれはあまりに大きな課題で、もっと研究を深めてからのことになるだろうと思っていた。このため執筆を依頼された時は、本書であつかったいずれか一つのテーマを掘り下げてみようとも考えたが、結局、現時点での集約を試みてみることにした。

前著については、多くの方から有意義なご批判をいただいた。本書の性格上、とくに明示しなかったが、筆者なりに批判をふまえているつもりであるが、本書の準備のためにおこなった京都の関西農業史研究会の発表後に、幹事の徳永光俊さんがポツリと、「近世の百姓は、そんなに働いてばかりいたんですか」といった意味の感想をもらされたことが、なんとも重く響いている。考えてみると、百姓の生きる楽しみについて、私はあまり検討したことがなかった。今後深めてみたい課題である。

本書では、多くの論文・著書の引用を行ったが、著者の意図からはずれる部分で、利用させていただいたばあいがある。本来ならば、筆者の立場を示すべきであるが、本書の性格上できなかった。また自治体史などを多く利用した。これにあたっては法政大学図書館、国文学研究資料館史料館の収蔵図書を利用させていただいた。お詫びとお礼を申し上げたい。

本書は、吉川弘文館の大岩由明さんのお奨めにしたがって、着手したものである。おそらくこうした機会がなければ、本書の課題に取り組むのは、もっと遅れてしまったことだろう。機会を与えてくれた大岩さんと編集部の方々にお礼申し上げる。

一九九九年一月

白川部達夫

著者紹介
一九四九年、北海道に生まれる
一九七二年、立正大学文学部史学科卒業
現在、金沢経済大学教授
著　書
日本近世の村と百姓的世界

歴史文化ライブラリー
69

近世の百姓世界

一九九九年　六　月　一　日　第一刷発行

著　者　白《しら》川《かわ》部《べ》達《たつ》夫《お》

発行者　吉　川　圭　三

発行所　株式会社 吉川弘文館
東京都文京区本郷七丁目二番八号
郵便番号一一三―〇〇三三
電話〇三―三八一三―九一五一〈代表〉
振替口座〇〇一〇〇―五―二四四

印刷＝平文社　製本＝ナショナル製本
装幀＝山崎　登

歴史文化ライブラリー

1996.10

刊行のことば

現今の日本および国際社会は、さまざまな面で大変動の時代を迎えておりますが、近づきつつある二十一世紀は人類史の到達点として、物質的な繁栄のみならず文化や自然・社会環境を謳歌できる平和な社会でなければなりません。しかしながら高度成長・技術革新にともなう急激な変貌は「自己本位な刹那主義」の風潮を生みだし、先人が築いてきた歴史や文化に学ぶ余裕もなく、いまだ明るい人類の将来が展望できていないようにも見えます。このような状況を踏まえ、よりよい二十一世紀社会を築くために、人類誕生から現在に至る「人類の遺産・教訓」としてのあらゆる分野の歴史と文化を「歴史文化ライブラリー」として刊行することといたしました。

小社は、安政四年(一八五七)の創業以来、一貫して歴史学を中心とした専門出版社として書籍を刊行しつづけてまいりました。その経験を生かし、学問成果にもとづいた本叢書を刊行し社会的要請に応えて行きたいと考えております。

現代は、マスメディアが発達した高度情報化社会といわれますが、私どもはあくまでも活字を主体とした出版こそ、ものの本質を考える基礎と信じ、本叢書をとおして社会に訴えてまいりたいと思います。これから生まれでる一冊一冊が、それぞれの読者を知的冒険の旅へと誘い、希望に満ちた人類の未来を構築する糧となれば幸いです。

吉川弘文館

〈オンデマンド版〉
近世の百姓世界

On Demand
歴史文化ライブラリー
69

2017年（平成29）10月1日　発行

著　者　白《しら》川《かわ》部《べ》達《たつ》夫《お》
発行者　吉　川　道　郎
発行所　株式会社　吉川弘文館
〒113-0033　東京都文京区本郷7丁目2番8号
TEL　03-3813-9151〈代表〉
URL　http://www.yoshikawa-k.co.jp/

印刷・製本　大日本印刷株式会社
装　幀　清水良洋・宮崎萌美

白川部達夫（1949～）

ISBN978-4-642-75469-9